出たい人より出したい人を！

市川房枝たちの理想選挙

―実践と手引き―

理想選挙推進市民の会編著
(財)市川房枝記念会出版部発行

理想選挙のスローガンを掲げて

一九八〇年六月参院選での市川房枝候補
雨中もいとわず街頭で理想選挙を訴える

金権選挙と闘う

①「選挙を有権者の手にとりもどそう」とキャンペーン中の小池順子副代表幹事（1977年6月）
② 5政党代表の出席を求め、「どうするか！この金権選挙」の討論会（1974年7月）
③「ストップ・ザ・汚職議員」運動も盛況（1980年）

④有権者のための「青空選挙相談会」が街角に進出。市川房枝代表（白髪）や当会会員が市民の相談にあたった（一九七七年七月）

自民党総裁選に際しての申し入れ

①一九七二年六月、砂防会館に田中角栄総裁候補を訪ね選挙の公正を申し入れた市川房枝代表幹事ら

②同趣旨の申し入れは三木武夫候補（左端）の他、大平正芳候補、福田赳夫候補にも行なわれた

議員定数是正訴訟

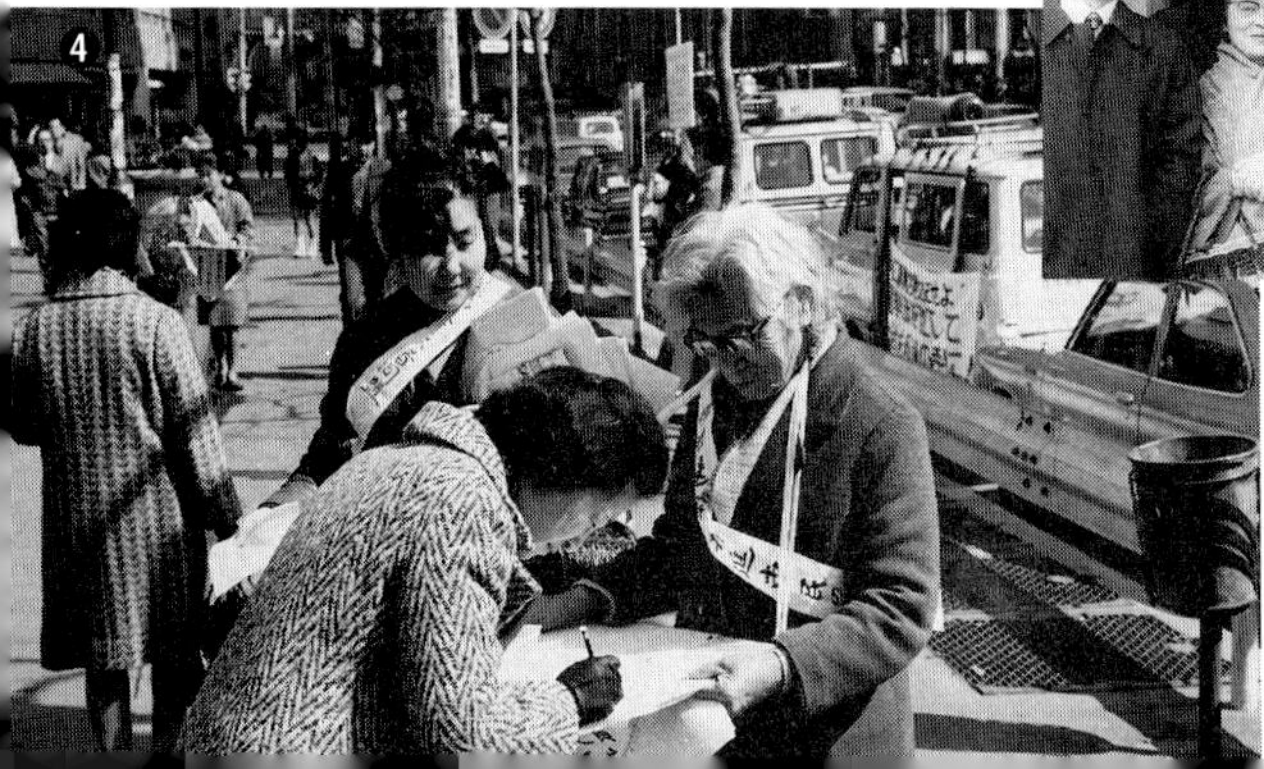

③衆院議員定数是正訴訟の傍
に東京高裁へ。中央・越山康
護士の右・市川代表、左・小
副代表（1973年２月15日）
④同・定数是正の署名集め。
寄屋橋での市川代表（右）と
民たち（1973年3月3日）

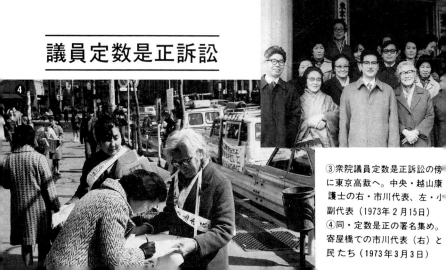

さまざまな活動

一九七九年五月二十六日、市民の会総会で。市川代表(右端)と左・佐竹寛副代表

一九七二年三月、選挙審委員を招き「選挙制度の改正について」学習会を開いた

一月十五日成人の日前後に開かれる「新有権者の集い」では楽しい餅つき風景も

目次

まえがき

二十一世紀の日本は、まぎれもなく世界の人々から国際社会への貢献を期待される立場にあります。そして、その期待に応えるためには、信頼にたる民主的政治能力を身につける必要があります。ところが、現実の日本の政治は、そのような自覚と展望を欠き、金権政治、世論軽視の政治が続いてきました。

このようなギャップを克服して、国際社会の期待に応え得るためには、私たち国民の一人一人が、もっと人権意識に目覚め、さらに民主主義の定着に努めなければなりません。

理想選挙推進市民の会は、このような思想と行動をもって、長年地方政治レベル、国政レベルで不断の運動を続けてまいりました。

実践三十年の節目にあたり、これまでの軌跡をここに記《しる》す次第です。本書が、同じ願いをもつ多くの方々に具体的に活用されることを祈ってやみません。

佐竹　寛

1・理想選挙とは何か

小池順子

理想選挙！　それは市川房枝さんだからできるので、一般の人がやったって当選はできない、と多くの人々はきめつけています。

それは「選挙というものは頼まれてするものではなく、有権者自らが考え行なうものである」という市川房枝先生（以下先生という）の理念を知らない人々がいうことだと思います。

先生は常に「政治の入口である選挙を明るく正しく行なわなければ、よい政治は決して行なわれない。選挙の際の姿勢を正しくせよ」と叫び続けられました。

そして「日本の選挙のやり方は間違っている。選挙というものは議会制民主主義のもとでは政党や候補者だけのものであってはならない。有権者のものとならなければならない」とも主張されました。

では有権者の手による選挙とは具体的にどんなやり方をいうのでしょうか。「理想選挙の進め方」の項で詳しく説明されていますが、一言でいえは、私共は直接議会に出かけて行って政治と取り組むことはできないので、私達の代表を出して政治を行なってもらわなければなりません。その時々の代表が「私が今度立候補しますのでよろしく」と頼むのではなく「出たい人より出したい人」の標語どおり、代表としたい人を皆で見つけ出し立候補をお願いし、費用を自分達で持ちより、手弁当で運動して当選させることをいうのです。

その際先ず私達の手で代表者を出しましょうと決意し、皆が一致団結することが第一であり、大切なことなのです。推し出したい人の承諾を得たらその人の為の推薦会を結成し、所管地域の選挙管理委員会に届け出て選挙の準備をします。公（告）示の日には推薦候補として推薦会が届け出ます。選挙運動の主体は推薦会であり、公職選挙法を厳しく守ることは勿論、法で許されていても好ましくない「名前だけを叫んで歩く連呼行為や、人や車の往来の激しいところでの街頭演説」等はしないことにしています。選挙費用は皆で持ちより、候補者自身のために使うお金以外は候補者には一切心配させません。皆が出して下さった貴重なお金ですから出来るだけ無駄をはぶき倹約をしますので、法定費用の何分の一かの費用ですみます。こういうやり方ですから、候補者としてふさわしい人であれば、「お金持ちでなくとも、また大きな組織を持たなくとも、地位がなくとも」議員になってもらうことができるのです。

先生はこれを「理想選挙」と名づけて過去六回（一九五三年、五九年、六五年、七一年、七四年、八〇年）、参院選で自ら実践されました。一九七一年（昭和四十六年）の東京地方区選挙では惜しくも落選しましたが、あとはいつも高位当選で、一九八〇年の全国区選挙の時は三百万近い得票数で最高位を得、日本中から大喝采を受けられたことは皆様の御記憶に新しいことと思います。

先生の他にも地方自治体で理想選挙を実践、当選された方がたくさんおられます。理想選挙は市川房枝でなければできないということはないのです。候補者としての条件が揃い、情勢が良く、推し出す側の熱意と強力な態勢がととのっていればその成果は必ず上がります。

＊　＊　＊

理想選挙推進市民の会（以下、市民の会）は、有権者に理想選挙こそ議会制民主主義の基本であることを社会にひろめ、各地でこの方式を実践してもらうため、男女有権者の同志で普及活動を進めてきました。

その間、東京都区議会議員選挙に台東区＝白石てつ氏、北区＝蔵前仁一氏、市議会議員選挙に田無市＝山崎達氏、町田市＝池田拓朗氏、埼玉県新座市＝太田博子氏、同県上尾市

＝吉川みちよ氏、同県大宮市＝島田由美子氏、神奈川県座間市＝福田美代子氏、福島県郡山市＝森永薫氏・須藤八重子氏、同県須賀川市＝蓬田ヨウ氏・鴫原みつ氏、長野県更埴市＝大西加代氏・石川文子氏、大阪府堺市＝長谷川俊英氏、福岡県直方市＝貝島悠翼氏、等が理想選挙を実践しました。また国政選挙では市民の会結成以前に藤田たき氏が参議院全国区と東京地方区で理想選挙を二回実践されており、紀平悌子氏が参議院東京地方区で一回、熊本選挙区で二回、理想選挙を実践しました。東京都議会議員選挙には世田谷区で小林時枝氏、渋谷区で伊藤輝子氏、武蔵野市で小池順子が理想選挙実践のため推し出されました。この運動を通じ、理想選挙というものがどんなものであるかということを多くの人人に知ってもらえた何よりの機会となったことは事実です。ただ理想選挙が負けたという現実が大きく浮かび上がり、実践をはばむ要因となったことは否めません。

選挙がますます莫大なお金と組織とによる派手な「金権選挙」となっていく中で、少数の勢力で理想選挙を実践していくことが難しくなり、一九七四年十一月以降「市民の会」は候補者の推薦を目的からはずし、理想選挙推進を目指す政治啓発団体となりました。

＊　＊　＊

さて私は、一九七三年には、都議会議員選挙に推薦され、無所属で立候補しました。

それは日中国交が正常化されて初めての「日中友好婦人代表団」の一人として中国に招待され、約四週間新しい中国の躍進ぶりをみせられ非常な感銘を受けて帰国した途端のことでした。私の留守中にそのような話し合いがなされていたとは露しらず、あまりに突然なことに、ただびっくり仰天するのみでした。とてもお引き受けできないと思いましたが、落ち着いてよく考えてみますうちに、常々日本中の人が理想選挙を理解しこれが普通の選挙となる迄、勝ち負けをぬきにして機会ある毎に誰かがこれを実践啓発しなければならないと主張してきたことに思い至り、私心を捨ててお引き受けする覚悟をきめたのでした。正に「俎板の上の鯉」となったのでした。

七月の選挙を目前に、四月からあわただしく推薦会の結成や選挙運動の準備等に大童《おおわらわ》となりました。推薦会代表、選挙事務長、会計責任者等には地元の先輩の方々がなって下さいましたが、市川先生はじめ推薦会の大多数の同志達は都内及び遠く地方より応援にかけつけて下さり、時間的にも労力的にも随分負担をおかけしてしまいました。

都議の議席は一つ。これを巡って、既に都議を六期つとめた社会党議員に、自民・共産・無所属が加わり、激しい選挙戦が展開されたのでした。準備期間も短く時間的余裕もないまま選挙戦に入ったことや選挙情勢の難しさから、無理な戦いとは皆わかりながらも、理想選挙実践の貴重な機会と、先生を先頭に一丸となって頑張って下さいました。その見事なチームワーク、一つの目的に向かって信念をもって突進する力の結合は、今思い起こしても素晴しいものでした。

が、結果は七千票余を頂いて落選でした。革新陣営から三名も立候補したことは、革新票を割り保守に有利となったのではないか、また婦人票をつかむことができなかったのではないか等の批判を受けました。学者の先生からは、有権者の五％以上の得票があったということは将来必ず成功するであろうから、ガッカリすることはないとのお慰めも頂きました。

何はともあれ「理想選挙の実践」が主目的であった私には、七千人余りの方々が「理想選挙」というものを評価して下さったこと、各政党の激しい事前運動や、莫大なお金を使っての物量・金権選挙といかに違うかを感じとって下さったことだけでも大きな収穫であったと、改めて投票して下さった有権者に感謝の念を覚えたことでした。

でも一生懸命応援して下さった市川先生はじめ同志の皆様の御期待に添えなかった申し訳なさと、候補者として誠に至らなかった自分をかえりみ、言葉もなくただただ頭を下げるのみでした。

報道陣が「さわやか選挙」として全国に報道して下さったことにより、単に武蔵野市という一つの自治体の選挙でありながら、日本中に「理想選挙」というものを知らせることができたことは大きな救いとなりました。

ただ理想選挙がまた敗れたという事実はどうしようもなく、「やっぱり市川さんだけのもの」という世論を打ち破れなかったことは残念でした。

勿論、敗因がどこにあるか等の追及をして次の実践の際の心構えとし、一度敗れたとしても二度三度と挑戦して大きく展開していかなければならないとは十分わかっていても、先生が御自分の選挙以上に力を入れて下さった御苦労や、周囲の方々の並々ならぬ御心遣い、御心労を思うと、容易に取り組めないものであるとつくづく思わされました。

理想選挙は勝ち負けをぬきにして実践することに意義があるとは筋論であって、やはり勝利を得てこそ実が上がるものであることを痛い程知らされました。

＊　　＊　　＊

一九五三年（昭和二十八年）の先生の第一回目の「理想選挙」ではトラックもマイクも使わない、候補者はいっさい演説会に出ないで、推薦人による運動の主力を法定のハガキとポスターにおき、候補者はラジオの政見放送と選挙公報に立候補受諾の言葉を掲載するのみ、という誠に厳しい条件が出されたとのことです。結局、立会演説会には出席することを承知なさったのですが、トラックなしの徒歩で、メガホンを使っての公園、お寺、神社の境内などでの街頭演説は、他の候補と比較してあまりにも型破りでした。それでも「理想選挙」を多くの有権者に理解してもらえ、二位当選となられたのでした。

その後、回を重ねるごとに社会情勢の変化に伴い、基本姿勢はあく迄も貫きながら戦い方の形態が少しずつ変わってきています。皆が参加し易く、また理想選挙の趣旨がすみずみまで浸透するように、自動車を整備するとかマイクの性能の良いものを四方に聞こえるように設置するとか、お金をかけないで最大の効果が上がるよう知恵を集め、少しずつ変えてきています。

時代の変化、科学の進歩などに伴い「理想選挙」の理念は不変であっても、これを日本中に推し進めるための方法、実践の際の形態には、進歩と変転がなければならないでしょう。

＊　＊　＊

「理想選挙」の提唱者・市川房枝先生には推し出される者としての条件があまりにも整い過ぎていたと言っても過言ではないでしょう。先生の長年の婦人運動のキャリアからしても抜群の条件をお備えになっておられ、後に続く者との差があり過ぎたのではないでしょうか。そのことが先生は必ず当選し、他の者の場合不成功に終わることが多かったので、「理想選挙は市川房枝のもの」という評価が生まれた大きな要因となったことは否めません。

私達が参議院や地方議会議員の候補者の条件として挙げている「人格が清潔・誠実で、多くの人の信頼を受けている人」「どの政党・政派からも左右されず、常に有権者の側に立って物を考え行動する人」「地域の人のために貢献し、ある程度名前が知られている人」「議会制民主主義に徹し、現憲法を守り、国民の福祉増進の実現に熱意ある人」等にあたる方は探せば必ずあります。でもお願いしてもなかなか受けて頂けないことが多いようです。これは推し出す側の熱意如何によって突破できますが、推し出される側にも勇気をもってこれを受ける心構えが必要となります。選挙に出るなどとは特別な人がやるものとか、落ちたらみっともない、また政治の世界に入るのなんかまっぴら、とかいって逃げる方が多いことは残念です。こんなことでは出てほしくない人々のみが多く出て、日本の政治は変わらないばかりか、ますます悪くなっていくことでしょう。

選挙とは私達の手で私達の望む代表者を推し出し、議員に当選させることなのです。いま市民運動・住民運動が盛んに行なわれています。これが単なる運動として終わることなく、議会で論議され政策として行政に反映してこそ、運動の成果があったといわれましょう。運動をしている仲間から皆の代表を議会に送ることができれば万々歳です。仲間から代表を出して皆で費用を持ちより運動して当選させる、このことが理想選挙なのです。市川房枝ならずともできることではないでしょうか。

常日頃皆さんの地域にどのような問題があるかよく観察し、もしあったら皆でそれを追及し、解決のため皆さんで代表者を見つけ、手弁当で運動して、その自治体の議員として議場で政策を実現するよう働いてもらってはいかがですか。これが「理想選挙」――有権者のための有権者の政治が生まれる基本となるのです。

勇気をもって一つ実践してみて下さい。

執筆者＝（財）市川房枝記念会常務理事、理想選挙推進市民の会代表幹事

2・市川房枝先生の理想選挙の始まりと軌跡

一、原点は市川房枝先生の参院選

一九七一年（昭和四十六年）十一月に「理想選挙推進市民の会」の結成以来、私たちは市川房枝先生の参院選を初め、東京都議選、区議選、地方都市の市議選等々、理想選挙運動の啓蒙と実践をしてまいりました。

しかし、理想選挙とはいったい何か。いつ、どのようにして始まったのか。ここにその原点を一度顧みてみたいと思います。

■一九五三年参院選立候補のきっかけ

市川房枝先生の参院選は、東京地方区を一九五三年（第二位）、一九五九年（第二位）、一九六五年（第四位）、一九七一年（六位で落選）の四回、全国区を一九七四年（第二位）一九八〇年（第一位）の二回、計六回行なわれました。

一九五三年（昭和二十八年）の参院選が市川先生の第一回目の理想選挙だったのですが、そのきっかけは前年の破防法反対運動にあります。

当時、私は婦人有権者同盟事務局員でしたが、婦人有権者同盟など五団体が破防法阻止の運動のため国会へ申し入れに行きました。しかし特に親密な議員がいなかったため、通行パスもなく門前払いでした。奔走の末、やっと参議院議員で緑風会の宮城タマヨ氏と接触でき、同法案が参議院に上程された際、婦人有権者同盟の政治運動委員長だった伊藤輝子氏たちと一緒に国会に入ることができたわけです。

この苦い経験から同盟の会員たちは、主権者たる有権者がなかなか国会に入れないことに怒りを感じ、何とか太いパイプ役を国会内部に送り込まなければと痛感しました。

折も折、翌年四月に参院選が行なわれることになり、三月二十四日の公示が迫っていました。伊藤氏たち同盟有志は、当時有権者同盟の会長だった市川先生を推すべく、折からローマ滞在中の先生に帰国を促す電報を打ちました。日米知的交流使節としてアメリカからヨーロッパにまわり、三月下旬帰国予定の先生は、急拠三月二十一日早朝に帰国なさったのです。

しかし市川先生は立候補をすぐ承知なさいませんでした。「自分は前から〝出たい人より出したい人を〟と言ってきたから、どうしても出ろというなら断わるのは卑怯だから出てもいいが、条件がある。今の公明選挙の範囲では好ましくない点があるから、私の理想選挙を実現してくれるならば――」と言われました。その条件たるや「トラックやマイクは使わない」「候補者はいっさい演説会に出ない」という厳しいものだったので一同声を失い、その日の会合はお流れとなってしまいました。

長年、婦人参政権獲得に力を尽くし、腐敗した選挙を眺めてこられた先生は、その選挙のあり方を、あり得べき理想の形に変えようと構想を練っておられたのです。それが理想選挙でした。

因みに、この理想選挙という言葉はどこから出てきたかといいますと、田澤義鋪《よしはる》氏（一九四四年没・青年の政治教育に尽くされた方）の提唱だったと伺っています。市川先生も「あれはいい」とよくおっしゃっておられました。

また「出たい人より出したい人を」というスローガンも、当時募集されていた選挙標語に入賞した小学生の作だったと聞いています。この理想選挙のスタイル、このスローガンが、市川先生の構想にピタッとはまったと言えましょう。

さて市川先生との交渉は翌日も翌々日も続きました。当初、推薦者たちの選んだ選挙区は全国区でした。全国区こそ、全国に知名度の高い市川先生に投票する有権者は多い……との考えでした。

〈一九五三年参院選の資料から〉

市川氏の提唱された理想選挙とは

一、市川氏の立候補を望み、その当選に努力せんとする人達で市川房枝推薦会という政治団体を結成し、市川氏を推薦候補として届出ると共に、選挙運動の主体として活動すること。

一、従って候補者は承諾書に捺印し、ラジオ放送以外の選挙運動をしないこと。（尤も東京地方区と決定した後、各方面の要望により立会演説会だけは出席された）

一、選挙費用は候補者は一文も出さず、市川氏の立候補を望む人達が持ちよる事、寄付勧誘はせず、一人から多額の寄付を受けない事、又費用の支出は出来るだけ節約、事実をそのまま記入、誰にでも見せる事。

一、選挙法を守り選挙違反に問われないよう注意する事は勿論、法律が許していても、トラック、拡声器の使用等望ましくない方法はしない事。

しかしご本人は当選第一主義はとらぬ、ただ一つでも「選挙違反」乃至《ないし》は「好ましくない運動」が行なわれたら即刻「おりる」と言われるのです。

これではとても全国区はムリ、と周囲も思い、市川先生も「東京地方区なら眼も届くからいいだろう」と言われたところで、漸く公示前日の三月二十三日、推薦届出方式による「立候補受諾書」にご本人の署名捺印をいただき、立候補承諾となりました。全くギリギリの立候補の承諾でした。が、初め全国区といわれ、九州は福岡、長崎、そして熊本へと同志の掘り起こしに行っていた私としては、「すぐ帰れ。東京地方区に変わった」との電報に、車窓で涙したものでした。二十五歳の私の忘れられない思い出です。

■マイクも車もない手作り選挙

この一九五三年選挙の記録を見ますと、市川先生の目指された理想選挙の原点がよくわかります。その手順や日程を振り返ってみると、次のようになります。

- 三月二十三日夜＝市川房枝推薦会結成。代表に同志の中で年長の加藤清子氏、会計に前島ふく氏決まる。
- 三月二十四日＝公示。立候補推薦届出には高橋千代氏と森美子氏が行く。推薦届出方式に記者の集中質問。

●三月二十九日＝市川房枝推薦会で規約を決定。

●三月三十一日＝ハガキ一万枚完成。第一回立会演説会。

●四月五日＝ポスター八千枚完成。

●四月七日、十三日、二十二日＝ＮＨＫラジオで政見放送。（テレビはまだない）

●四月二十二日＝市川房枝推薦大演説会。（読売ホール）

●四月二十四日＝投票日。

つまり自然発生的に集まった同志が推薦会を結成し、有権者の拠出金により、候補者を推薦届出方式で推し出す点、当時の一般の選挙方式からみると全く逆でした。

当時のハガキから。表面下段（実物見本）

推薦のことば

『出たい人より出したい人』という選挙の本旨に立つて、私共は市川房枝女史を今度の参議院東京地方区に推薦し、御承諾を得ました。

我国婦人解放の為半生を捧げた女史は、その間の労苦の為早くから銀髪の人となりましたが、今尚闘志満々、国際人としても重きをなしております。

私共のよき代弁者である女史を是非国会に送り、泥沼政界に新風を吹き込みたいと思います。何卒御協力下さい

廿八年四月　　市川房枝推薦会

（左に通信と御名を書いて御出し下さい）

ハガキ裏面（実物見本）

参議院　**東京都地区**

無所属候補

市川房枝

五十九才、愛知県出身、教員、新聞記者をへて上京、労働総同盟の前身友愛会婦人部に参加。大正八年新婦人協会を結成して婦人参政権運動を開始。同十年渡米、帰国後国際労働局東京支局に勤務、婦人労働者の労働条件の改善に努力。同十三年婦選獲得同盟を組織、昭和十五年迄婦選運動を継続、此間汎太平洋婦人会議に出席。終戦後新日本婦人同盟を組織、婦人の政治教育運動を開始したが、廿二年追放となる、廿五年十月解除と共に同盟を日本婦人有権者同盟と改称会長となる。廿七年十月文化使節として渡米、後欧洲を見学して選挙の直前に帰国、立候補受諾に際し会長辞任。

選挙運動の注意

候補者はラジオ放送（NHK七、十三、二十二日）と、法定の立会演説会に出ます。トラックも拡声機も使わないので、ポスターとハガキ（二万枚）で立候補を知らせ、協力を得る外ありません。それで

一、用事で知人を訪問した際、街頭や会合で知人に会つた際、友人お御用ききの来た際等にこのハガキを見せ、投票を御依頼下さい。ハガキ一枚について二十人位賛成を得ないと当選出来ません。ハガキが重複したら友人にあげて下さい

一、電話で投票を頼んでも差支ありません。

渋谷区千駄谷五ノ八八九（婦選会館内）
市川房枝推薦会
電話淀橋(37)四六九七・一六七四番

（選挙は四月廿四日）

推薦受諾について

市川房枝

今のような国会に這入る事は、私として有難くありませんし、又私をあゝいう所へ送るのは惜しいといつて下さる方もありました。

然し私の平常唱えて来ている理想選挙で、金も労力も持ちよつて「出したい人」を推し出すと皆様が仰有るので、遂々承諾致しました

立場は参議院ですから、かねての私の主張通り無所属ですが、婦人の地位の向上、働く人達の生活の安定、平和民主主義政治の確立、憲法の擁護、日本の自主独立等のため努力したいと存じています。

若し私がこの方法で皆様の御賛成を得て当選出来れば、金を使つて今のような選挙運動をして出るのはいやだと仰有る方々も出て下さる事になると思います。

ついでに「規約」と「運動の具体的な進め方」を左に記録しておきますが、これをみると現在に至る何回かの理想選挙運動の原型がすでにできあがっていたことに気づきます。

◆市川房枝推薦会規約

一、本会は市川房枝氏の主唱する理想選挙で、同氏を東京地方区の参議院議員として選出するため努力しようとする人達をもって組織し、選挙終了と共に解散するものとする。

一、本会には代表者一名、会計責任者一名、幹事若干名を置く。

一、本会員は、それぞれの境遇に応じ、それぞれの立場に於て運動を分担し、選挙費用を集めるものとする。

◆資金獲得の方法

常任幹事の中に於いて財務委員会をつくり、方法その他は委員会に一任することとする。

◆運動の具体的進め方

東京地区参議院議員候補市川房枝運動員心得

一、目標＝＝当選第一主義でなく、市川氏の唱えて来た**理想選挙**でベストを尽すこと。

公明選挙とは——法律の範囲内で選挙運動をすること。

理想選挙とは——法律で許されていても望ましくないことは行わず、選挙の本旨に立ちかえり、推薦者が労力や金を持ちよって、「出てほしい人」のために努力することを云う。

一、候補者のする運動

イ、政見発表のラジオに出ること。

ロ、法定の候補者立会演説会に出る。

ハ、選挙公報に意見、政策を出す。

一、推薦会でする運動

イ、トラック、拡声機を使わない。

ロ、法定のポスター、ハガキに主力を置き、これらの最も有効な使用法を工夫すること。

ハ、推薦者による街頭推薦演説会、会場での推薦演説会（個人演説会）は行なってもよい。然しその場合は選管へ届出を要するので選挙事務所と連絡すること。

ニ、選挙事務所も理想選挙にふさわしいものとし、運動員はなるべく弁当持参、事務所で炊き出し泊り込みはしないこと。

一、賛成者の出来る具体的方法

イ、個々面接（道で知人に逢った際、買物に行った際、御用ききの来た際、用事で知人を訪問した際等で、趣旨を説明して協力を頼む事）によって賛成を求めあう。

ロ、電話で知人に協力を頼むことは差支えない。

ハ、ポスター、選挙ハガキの印刷したものを事務所から受取って最も有効に使う事。

ニ、推薦個人演説会を主催することが出来る。（但し全部で六十回しか出来ないから開催五日位前に推薦事務所に連絡すること）

ホ、推薦の街頭演説会も出来る。（但し、同時に一個所しか出来ないから、事務所に連絡すること）

そして、このようにマイクもトラックもない選挙運動なので、応援演説に歩く同志はそれこそ大変でした。街頭演説会はすべて徒歩。「大声をはりあげるため、弁士の疲労甚だしく、翌日寝込む者も出た」と記録されています。

個人演説会はさらに苦労でした。何しろ候補者本人が出てこないのですから推薦者たちだけでは意気もあがりません。私もこの時、標旗を持ってあちこち走りまわりました。街灯もないまっくらな夜、たしか王子のほうの小学校で筵を敷いてやった時のこと。私は前座でしたから、第一会場で応援演説をしたら、すぐ第二会場の準備に先発しなければなりません。車はないから自転車の荷台に乗せられて行ったのですが、電車の踏切があったりしてカクンカクンとお尻の痛いこと！　「もっとバランスとって乗ってろ」と怒られるけれど、手には幟りや何かを持っているし必死でした。しかもこの時、定刻になっても中心弁士の伊藤輝子氏が到着せず、仕方なく前座の私が話し始めたのですが、三十分たっても一時間たっても……二時間たってもまだ来ない。下町のまじめなお年寄りが「市川さんはどうした！」と半畳を入れる。もうダメか？　と思った時、やっと伊藤氏が到着――「ヨシ！　よくやった、あんたよかったゾ」と先のお人が慰めてくれたということもありました。もし伊藤氏たちが来なかったら、あんな淋しい下町で、車はなし、帰る道はわからないしで、泣きたいほどでした。あとで市川先生に「ひどい！」と言いつけましたら先生、アハアハお笑いになって「いい勉強になったろ」とおっしゃいましたけれど。

また投票日前夜だったか、沼袋の自宅近くで歩いて街頭演説をしてらした平林たい子氏が、通りすがりの対立候補支持らしき男性のつげぐちにより、お巡りさんに摑まるというトラブルもありました。これは標旗係の私が一足おくれたため、標旗なしで演説を始めたからでした。市川先生は「演説会にはいっさい出ない」と初めにおっしゃった通り、街頭演説会には最後までお出にならず、私たち推薦会の者たちでいたしました。

それでも立会演説会には市川候補も出席。小松川での個人演説会には聴衆の要求で顔だけ出したことが一回ありました。

立会演説会は三月三十一日から四月二十二日まで、ほとんど毎日、二か所くらいずつおまわりになり、ハッタリもケレンもない誠実な語り口で、民主主義政治の確立を説き続けました。初めはヤジを飛ばしていた聴衆も、先生の率直な話しぶりに引き入れられて次第に鎮まり、共感の拍手もふえてきました。

個人演説会は候補者なしで六十回開けるところ十二、三回開いただけですが、圧巻は投票日の二日前、読売ホールでの市川房枝推薦大演説会で、平林たい子、石垣綾子、原信子、高田せい子、井田鶴子、村上秀子、田中孝子、上代たの、岸輝子（代理）氏ら、当代一流の女性ばかりズラリと参集。また平塚らいてう、高群逸枝、星野あい氏らのメッセージも寄せられ大きな盛り上がりを見せました。この日は最後に市川先生も登壇なさっています。

■選挙費用一人分を持つ運動

推薦会のメンバーはもちろん東京の人が多いのですが、地方からの上京組もおりました。松本の加藤寿々子氏、愛知の内田あぐり氏、富山の大谷ヨシエ氏、別所の南条ひさい氏、上諏訪の北原芳子氏たちも、わざわざ上京して協力してくださり、街頭演説や、さし入れをしてくださいました。皆がホントに手弁当で働いたといっていいと思います。ハガキ書き、ポスター貼り、移動事務所の場の提供などもありました。

資金はもちろんカンパですが、まだカンパ帳はなかったと思います。しかし「選挙費用一人分を持つ運動」は実践したわけです。もちろん法定費用以下。選挙に買収はつきものなのに、金を使わぬ清潔な選挙です。

収支報告書は、いつでも、誰でも公開できるよう、会計係が用意していました。のちに思ったことですが、手さぐりながら実に素朴で純粋な選挙、まさに、のちに続く理想選挙の原型、原点であったと思います。

しかも市川先生ご自身は選挙の当落に超然としておられ、選挙期間中も机に向かっているか、皆に背を向けて垣根のそばで草取りをしておられ、開票日にも机に向かって原稿を書いていらっしゃるという具合でした。

このような風変わりな理想選挙でしたから、世評は初め余りよくありませんでした。ラジオで放送なさったあと「票もくれ、金もくれ、とは何事か！」という声も聞かれ、生意気だ、お高くとまっているという非難も受けました。ある婦人候補からは「尾崎咢堂《がくどう》じゃあるまいし、しょってるわ」と相当悪口も言われ、他候補からの妨害もありましたが、日を追って人々の反応は好転し、東京地方区第二位の当選を果たしました。

選挙費用は、法定選挙費用百五十五万九千六百円の十分の一で、十八万六千八百六十六円。得票数十九万千五百三十九票（当日有権者数四百万三千九百八十七人。有効投票総数百六十五万五千三百八十人）。

四月二十五日の各紙の夕刊はいっせいに当日の模様を報じました。

（朝日）……〝理想選挙〟勝つ。婦選運動三十五年の苦闘を、ゴマ塩の断髪ににじませた市川房枝女史は、この日午前十一時、渋谷区千駄ヶ谷五ノ八八九の自宅で当選の報をきき「ああ、そうですか」とまずうなずいた。すぐ向いの婦選会館にある選挙事務所からは、刻々ふえて行く得票数を知らせに、女史の推薦会の婦人連五、六人がこおどりしながら出たり入ったり。かけつけて来た若い女性が「センセイ、うれしくてうれしくて泣けるわ」表に立っている婦人に抱きつくと、会計係として日参していた中年の婦人が「先生が当選したことは、世界に発表してもらっても恥かしくない奇跡ですよ」という。(後略)

■一九五三年選挙成功は人材による

この一九五三年(昭和二十八年)の第一回理想選挙の成功について、私はかなり市川先生の知名度に負うところ大だと思います。

市川先生は、もちろん戦前からの婦選獲得運動の赫々《かくかく》たる実績がおありだし、初めから著名な方でした。まず、終戦後、初の衆院選の時に、もう市川先生立候補の取り沙汰さえあったそうで、その時の発想は婦人党を作るという話で先生の許に持ち込まれたらしいのです。

しかし先生は、自分は啓発活動をしてゆくからと、立候補は断わったと言います。戦後やっと手に入れた投票権なのに、当時の女性はまだ票の一票を米の一俵と間違える人もいたという時代でしたから、先生はご自分の道を啓発運動家としてやってゆくべきだと判断なさったのでしょう。婦人党の構想は実りませんでした。

市川先生は判断力の非常に優れた方で、チャンスができたからといって決して軽率に飛び乗ろうとはしない方でした。一歩さがって、まず腰を下ろして考える方。政治に対して関心の強い方ですから、ご自分が政治に直接参加して力を行使する側に入るのは必ずしもお嫌いじゃあないはずなのに、この時の価値判断では、自分が一議員として出るよりも啓発する側にいる方が、今は大事なのだという判断がおありになったのでしょう。

翌一九四七年の参院選でも先生は立候補予定者に挙げられましたが、それがキッカケになって一九四七年から一九五〇年十月まで、公職追放の憂き目をみることになります。

しかしこの間の空白があったにも拘らず、一九五〇年（昭和二十五年）追放解除後は水を得た魚のように、いろいろの運動を始められます。このころ、市川房枝、平塚らいてう、平林たい子、ガントレット恒子、上代たの氏ら、錚々《そうそう》たる第一線の知名女性たちが一緒に平和運動、婦人運動をされるのですが、中でも先生は初めから第一人者だったと言えます。

■参議院議員としての活動

一九五三年（昭和二十八年）参院地方区で初当選の市川先生の登院姿を今でもハッキリ覚えています。私は市川先生の会長復帰以後、婦人有権者同盟の事務局を三年しましたが、当選後、市川先生の公設秘書となり、初めて参院正面玄関から登院しました。被選挙権をみずから行使し、しかも理想選挙で当選された先生、参政権を闘いとられたこの方が……、まさに来るべき人が来るべき場所に来た、との実感がありました。

参議院議員になられた先生の最初の活動は、連座制の強化でした。ちょうどこの年、緑風会が公職選挙法改正を考えており、その中に連座制の強化もふくまれていましたが、先生は全く一人で選挙浄化に取り組まれ、連座制の強化を単独で一番初めにお出しになったのです。

これは異色の候補として初めから先生に好意的だった朝日新聞に大きく報道され、そのため緑風会から「公職選挙法の改正は全体を通して是正しなければならないのに、連座制だけを取り上げるのはスタンドプレイだ」とひそかにクレームがついたほどです。

それから戦後最大の婦人問題・売春禁止法に取り組まれました。一九五三年十一月、市川先生のきもいりで衆参婦人議員団が結成され、先生が世話人になり、以後、売春禁止法

私一人で出来ることの公約

市川先生はラジオや立会演説会で「もし議員になったら、私一人でも出来ることは実行いたします」と言って、左の四項目を挙げられました。

①議員になってもいばらない。
②国会を休まないようにする。
③議員の歳費は多すぎると思うので何とかしたい。
④議員と有権者のつながりを何とかしてつけたい。

そして国会報告のパンフレットを発行し、議員としての公職活動を厳格に守られました。

制定運動が本格化し、一九五六年、政府の売春防止法が実現することになります。ちょうど右派と左派に分裂していた社会党が統一された時期のことです。

＊　＊　＊　＊

市川先生は無所属で、少額の金を有権者が持ち寄った理想選挙ですから金のヒモは何ひとつついていませんので、国会内でも強い個性と実行力を発揮されました。選挙も「自分のいう通りにやるなら受けてもいい」とおっしゃったくらいですから、支持者に対しても非常に強い立場を貫かれたわけです。個性も強く、力に充ちた強い議員が誕生したと申せましょう。それは理想選挙の個性というより、市川房枝個人の個性に由来するといったほうが正しいかもしれません。

先生はよく「議員は凧と同じ。有権者はその凧のヒモを放しちゃいかん」とおっしゃいましたが、先生ご自身は強い凧で、極めて太いパイプ役になってくださった頼もしい凧でした。先生のおかげで婦人有権者同盟は院内通行証をいただき、頻繁に国会をたずねることができるようになったわけです。そして国連NGO国内婦人委員会、七婦人団体議会活動連絡委員会や選挙法改正運動協議会などの連合運動の生みの親として、院外の市民運動、婦人運動——選挙制度改正、政治資金規正法改正、国会議員の歳費手当お手盛り反対運動、売春禁止運動など、さまざまな運動を牽引する力となってゆかれました。市川先生は議員活動として婦人問題、選挙制度、政治資金問題を主として手がけられました。

二、一九五九年〜一九七一年・東京地方区選挙の軌跡

前述のように、市川先生は一九五三年から一九八〇年まで六回の参院選に立候補し、一九七一年には落選なさいました。

この間の時代や政局の推移を眺めると、選挙にも大きな変化が生じていることがわかり

ます。

まず一九五三年ごろと違い、一九五五年自民党結成、社会党統一で、一九五九年のころには二大政党の時代に入っています。このあと、政党の系列の婦人団体の進出が見られます。政党化の中で無所属議員ははじき出され、参議院もまた政党化の道を歩み始めるのです。

しかも一九六〇年以来、日本は高度成長期に突入します。池田内閣がいわゆる所得倍増論を唱え、選挙もまた組織と金の時代に入ってきたのです。

■一九五九年＝カンパ帳、街頭演説も始める

私も子供が生まれて一年後でしたが選挙に参加しました。組織とカネの時代の中で、一九五九年（昭和三十四年）理想選挙は素朴な一九五三年選挙と少し違って、整った形の選挙だったと言えます。たとえばカンパ帳もこの時から作り、百円カンパをおこない、乗用車を借り、携帯メガホンで走るということもいたしました。いやだとは言われたけれど、この時から市川先生も街頭演説、すなわち青空演説会をなさいました。しかしそれはなるべく人に迷惑のかからない所、たとえば公園とか神社とか人の少ない所でやるようにとい

うことでしたから、理想選挙の精神は変わりませんでした。また青空個人演説会として新橋ステージで平林たい子、久米愛、菅原通済、江川宇礼雄氏ら、男女知名人による大演説会をおこないました。ハガキの数も三万三千枚と多く、ポスターも二万六千枚となり、組織力のない選挙はだんだん困難になりつつありましたが、二十九万二千九百二十七票で二位で当選しました。選挙費用七十八万四千五百十円、法定費用の五分の一でした。

■一九六五年＝選挙の公営化すすむ

そして更に一九六五年（昭和四十年）選挙になりますと、ポスターは公営掲示場（九千四百十三か所）に貼ることとなります。組織のある政党と違い、人手も少ない無所属で、しかも金を使わぬ理想選挙ですから、婦人たちがのりやバケツを下げての公営掲示場を探しつつめぐる苦労は多くありました。

この時にはすでに公明党が誕生しており、政党の公認候補が立ちならび、多党化で票が割れる兆しも見えていました。私は選挙事務次長をしましたが、今度は理想選挙の結果はどうなるかという危機感が初めからありました。理想選挙の運動の基本方針と方策をきちんとたて、久保田きぬ子氏（立教大学法学部教授）が理論構成に加わってアメリカ方式の小切手帳を導入したり、私も何かアピールするものをと思い、複数推薦届出（長谷部忠、有吉佐和子、平塚らいてう、高峰秀子ら三十三氏）など知恵をしぼったものです。

選挙の公営化にともない、手づくり理想選挙の困難さ、組織選挙、金権選挙の時代に入ってしまいました。もしあの時、東京都議会の議長交際費汚職問題で自民党への批判が高まっていなかったら、私たちの理想選挙はどうだったかなと今も思っています。

都議会の問題は一九六五年二月から始まり、汚職解散立法ができ、自治法改正までやって都議会が解散となります。そしてこの都議会の出直し選挙は参院選のあと（七月二十三日）でしたが、社会党が第一党になり、自民党は第二党に落ちました。これが一九六七年美濃部革新都政誕生の前ぶれとなり、市川先生にも幸いしたわけです。しかしこの時は定員四名中四位、最下位当選で（四十九万六千七百九十五票）、先生には厳しい選挙でした。

■一九七一年＝東京地方区落選の敗因

さて第四回めの理想選挙＝一九七一年（昭和四十六年）選挙で先生はとうとう落選なさいます。この時代はテレビ時代に入って十年、「木島則夫モーニングショー」も始まっています。結論から先にいうなら、この敗因は多党化とタレントの登場にあると思います。個人の良識や魅力というより、組織と金権と芸能タレント性が有利となってきます。

この時、私は選挙事務長をつとめますが、初めから前回よりも危機感が強く、新聞の世論調査も、前に市川先生を支持した票の半分か三分の一は消えているという見方を示していました。とくに市川先生の票が木島則夫候補に流れていると言われました。

また東京地方区の立候補者も各党が強力でした。自民・原文兵衛、公明・黒柳明、民社・木島則夫、共産・野坂参三、社会・木村禧八郎という顔ぶれです。木村氏でさえ次点で落選したのですから、もし木村氏が弱かったら市川先生が野坂氏の上に出たかもしれません。東京の有権者は恐らく市川先生は大丈夫だと思って他の人に投票したのかもしれません。木村氏に入れた人も多かったでしょう。あの時、木村氏は国会の予算委員会の宝だといわれていましたから、市川対木村となったら革新派は木村氏に入れたと思います。

今も思うことは市川先生は初めから全国区で立候補なされば、一度も落選しなかったと思うのです。先生は教科書にも出てくる、人名辞典にも名が載るほどの知名人でしたから、むしろ全国区向きの候補者でしょう。一九六五年選挙の厳しさも想い、同志は先生に全国区をおすすめしたのです。しかし先生は理想選挙をきわめて厳しくお考えになっていて、自分の言ってきた清く正しく美しい選挙をしたいと頑強に主張なさったので、東京地方区に絞ることになったのですが、一九七一年には五十五万八千七百二十八票得票したのに落選。選挙費用百九十二万六千四百四十一円、法定費用の四分の一弱でした。更に議員定数不均衡の問題が実感としてクローズアップされ、一九七一年有権者同盟などの参院定数是正訴訟のきっかけとなります。

そしていずれ後述いたしますが、一九七一年十一月、理想選挙普及会を改組して、現在の理想選挙推進市民の会へと発展継続されてゆくきっかけを作ります。

■一九七四年＝全国区では若者と組んで圧勝

一九七一年（昭和四十六年）の落選は、さすがに先生にもショックのようでした。東京都民は自分を信頼していなかったとお思いになり、このあと引退表明さえなさいました。

従って一九七四年の参院選では「自分はもう出ないが、理想選挙の灯は消したくないから、誰かを推し出さなければ」ということで先生は推す側に立って市民の会の全員と、たしか有権者同盟の有志にアンケートを出し、その結果、参議院候補者の選考委員会を開きました。票の総数は二百足らず。それを大体三名で三分していました。市川房枝でもう一ぺん東京地方区に挑戦するか、東京地方区が危いなら全国区を、という気持ちが私には強くあったのですが、先生は頑固に辞退され、結局、私が候補者に決定したわけです。

この時は市川先生に近くの喫茶店に連れていかれ膝づめ談判で「推薦で理想選挙に出ることに、YESかNOか言え。これが最後通牒だ」と詰め寄られ「それなら理想選挙の灯を消さぬため運動として出ます」と私は答え、「私は東京育ちだから東京地方区を」ということに決まりました。当落は別のもの。次の機会を考えるんだと先生はおっしゃったのです。

私のほうはこの手順を踏んで準備が始まり、一九七三年末に選対が発足。ところが翌年五月、青年たちが先生を担ぎ出しにかかります。固辞なさる先生と青年たちとの会合が何度もあって、先生はやっと全国区立候補の決心をなさり、見事二百万票を得て全国区第二位で当選なさるのですが、この時の勝因のひとつは、この若い青年たちと白髪の婦選運動の闘士というコンビネーションにあったと思います。「老齢だから引退」という噂を吹き飛ばす若々しさ、フレッシュさ。若者にモテルおばあちゃんというほほえましさ。絶妙なコントラストで「青年たちと組むというナウい判断」とジャーナリズムは書きたてました。

こうした背景には、田中角栄首相の逮捕という事件もあって〝クリーン市川〟を必要とした時代だったことがありました。

そしてもう一点、前回一九七一年の時に東京地方区で市川先生を落としたという反省が、東京都の有権者にもあったでしょう。

これらの要因が相乗効果を発揮したのが、一九七四年の全国区第二位当選という成功につながったと思います。

■一九八〇年＝全国区第一位当選

一九八〇年（昭和五十五年）の参院全国区選挙は全国第一位、二百七十八万票余で当選なさいました。このトップ当選は完全に〝ストップ・ザ・汚職議員〟運動の成果です。この運動は一九七九年五月、ダグラス・グラマン事件の松野頼三議員を参院航空機輸入調査特別委員会で追及した市川先生が「熊本の有権者に直接聞いてみましょう」とおっしゃったことに端を発しています。やがて熊本入り。八月二十七日「汚職に関係した候補者に投票をしない運動をすすめる会」が結成されます。

これも先生の大きな企画でした。熊本有権者の感情を確かめつつ慎重に運動を進めながら、汚職議員をストップさせるための大運動を展開したのです。私も先生と一緒に熊本入りをしましたが、この時、先生は運動家として一級の方だなと感じ入りました。先生の試みには社会的正当性があります。「有権者に意見をきく」と航特委で松野議員に質問したあの事を、ご自分の良心に則ってやるべきことをキチンとなさる。その判断に間違いがないと、その時思いました。

そして結果は一九八〇年の総選挙で松野氏落選となります。この年は大平首相の急死もあって衆・参ダブル選挙となり、自民党は圧勝しますが、市川先生は全国区第一位。有権者の見事な審判を引き出したのは先生の運動のお力です。ストップ・ザ・汚職議員運動が全国に知られ、よりいっそう先生の政治家としてのバネを強くしたということがいえましょう。

三、理想選挙普及会から市民の会へ

さて先生はご自分の選挙だけを理想選挙で行なったわけではありません。先生が当選なさるたび、世間は「あれは市川先生だけに通用するスタイルだ」と申しました。「他の者は理想選挙では当選できない」と。たしかに失敗のケースもありましたが、地方選では成功ケースもありました。その主だったケースは別章に掲載いたします。

ここでは最後に、私たちの「理想選挙推進市民の会」と、その前身である「理想選挙普及会」ついて、市川先生の構想を考えてみたいと思います。

■一九五九年＝普及会が発足

まず普及会は、一九五九年（昭和三十四年）に結成されました。男性も入会している点、市民の会と同様です。

市川先生は一九五〇年と一九五七年の参院選に藤田たき氏を推し出すことをお考えになりました。理想選挙の方法を模索していらした時代と思われますが、残念ながら二度とも藤田氏は落選でした。

市川先生は、こんな優れた方が二度も落選なさったということが不思議だったようです。理想選挙が通ると思ったのに通らなかった。これは理想選挙が普及していないからだ――とお考えになったようで、一九五九年に理想選挙普及会を作られたわけです。そして普及会で候補者を推薦しようと考え、規約原案に推薦機能を盛り込みました。つまり婦人有権者同盟とは別の性格の組織を作ろうとされたのです。

しかし田邊定義氏の反対などあって、推薦機能は困難ということで規約から削りました。こうなると有権者同盟と同性格のものができてしまったわけです。私は規約原案作りに参加しているので、このやりとりはよく覚えております。

その後一九七一年、市民の会へ改組するまでの十二年間、普及会の理想選挙啓発と普及の活動は華々しいものでした。

一九六一年には選挙法改正運動協議会（選改協）が始まり、普及会も主導的な立場をもちました。私たちも選挙法のイロハから見直しをやりました。

この間、日本経済は先述のように高度成長期で、選挙には金がかかるようになり、七当五落ともいわれ、それも百万単位から千万単位に移行する時代になってしまいます。初めは選挙制度審議会の内部で改正に取り組んでいたのが、一九六五年の都議会出直し選挙、一九六六年の国会の黒い霧解散、一九六七年の総選挙など続く中で、政治粛正キャンペーン、申し入れ、デモなど行ない、そして美濃部革新都政誕生につながり、行動への戦術転換となっていきます。その運動の中心には市川先生がいらしてリーダーシップをお取りになったのです。普及会は、公職選挙法や政治資金の調査など、選挙制度、政治資金制度について専門的に勉強し、運動をよくしました。

■一九七一年＝市民の会が発足

しかし普及会の目ざましい活動にも拘らず、一九七一年（昭和四十六年）選挙で市川先生は落選なさった後にこう考えられました。「ただの啓発じゃダメだ。やっぱり誰かを推薦してゆける会でなければ」と。組織の立て直しをはかったのだと思います。そして一九七一年十一月に普及会を改組して、地方選挙に主力をおいて候補者を推薦できる理想選挙推進市民の会にしました。つまり一九五九年普及会結成時の幻の原案にもどったわけです。しかしこれはまた、一九七四年の参院選ののち、再び推薦機能が規約から落とされています。

ともあれ、一九七三年（昭和四十八年）七月都議選に小池順子氏、一九七四年七月の参院選東京地方区に私を推してくださったのは、「理想選挙は自分だけの選挙ではない、ピラミッドのように地方選挙から国政選挙へ広げてゆこう」とされたからです。しかし小池氏の場合は準備期間もなく、しかも一人区で立候補という戦略不備もあり落選。白鷺のように美しくあったけれど力がなかったと反省の残る選挙でした。私の東京地方区も同じでした。

だから私は思うのです。市川先生は美しく且つ力があった、理想選挙は美しくあると同時に力も必要だ、と。それは一九七四年に落選した私の実感でもあります。

私の参院選の敗北の後、市民の会は普及会と同様に、前述のように、選挙啓発運動のみの団体となりました。

■市民の会、目ざましい政治浄化運動

市民の会の一九七四年から現在までの役割の一つは、やはり政治浄化、ストップ・ザ・汚職議員のような運動でしょう。ロッキード・キャラバンなども初めは選改協の六団体が参加していたけれど、キャラバンを最後まで続けたのは婦人有権者同盟と青年団協議会、私たち市民の会だけです。そして選挙と政治を浄化しなければならぬという理想選挙運動は、今ますます必要になっています。

なぜなら現在は建前がなく本音だけの時代になってきて、若い人たちも自分に直接関係ある情報には敏感ですが、選挙など自分にどう関係あるの、といった風潮です。日本全体の社会構造もそうなってきて、たとえば大企業は日本政府に税金を払わず外国の税制度をうまく使って資本の蓄積をはかる。それがまかり通ってゆく。どうもおかしいが現実は皆

そうなんだからいいんだと。そうした社会悪に対して、私はそれでいいという考えに立つことができません。本音がモラルを崩していくのなら、建前を言ってゆく集団なり勢力なりがなければこの世は闇です。闇になっても満足と言うならいいが、やっぱりそれはいやだという気持ちが誰にでもあるはずです。おかしいと思うことは表明しなければなりません。

市川先生の理想選挙方式も、そういう矛盾に対する政治的挑戦じゃなかったかと私は思います。この方式は誰でも成功するとは言えないが、決して市川先生だけのものとも考えません。すでに地方選では十指に余るいい議員が出ています。理想選挙と名のらなくても全くこの方式で出た人もいるし、市民の会の選挙についての考え方が徹底してゆけば、自分たちのしていたことは理想選挙に近かったと気づく場合もあるでしょう。

理想選挙は何といっても人です。人物をよく見極めた上で戦略を立てることです。理想選挙には戦略の限界もありますから、固定した教条主義に陥らぬ理想選挙運動の実践が望まれている時代なのです。私はこれからも、市川先生の創められた理想選挙運動の原点を常に振り返りつつ、更にこの運動を広めてゆきたいと思います。

（談・紀平悌子／きき手・山口みつ子／まとめ・鳥海哲子）

3・ケース・スタディー
理想選挙実践篇

ケース・スタディー

一九七四年七月七日施行

第十回参議院議員選挙（東京地方区）

◆主婦の怒りを国会へ！

――紀平てい子氏のケース――

（まとめ・久保公子）

■紀平候補を決定するまで

一九七四年（昭和四十九年）、参議院の与野党の議席数は百三十五対百九と接近し、その差二十六。激しいインフレと物価高の中で行なわれる同年七月の第十回参院選挙は、与野党が逆転して政治の流れがかわる可能性をはらんでいた。

前年七月の都議選に、都下武蔵野市より小池順子氏を推薦候補に立てた理想選挙推進市民の会（当時の代表幹事・市川房枝先生）は引き続き参院選対策特別委を九月に設置。「生活優先を願う市民の立場から、自民党政府の政策に反対し、政治の流れをかえる。政党的立場に規制されず、市民の要求の窓口となって、参議院本来の任務を果たす。民主主義回復のため、理想選挙でたたかう」ことを基本的態度として候補者の選考にあたってきた。

その結果、最も支持の強かった市川房枝先生を全国区に、紀平悌子氏を東京地方区の候補として出馬交渉が行なわれた。一九五三年（昭和二十八年）以降四度理想選挙を提唱、実践（一九五三、一九五九、一九六五年東京地方区より立候補、当選。一九七一年落選）してきた、理想選挙のシンボルともいうべき市川先生は「理想選挙の後継者のため応援する側にたつ」と言明して立候補を固辞。一方の紀平氏は次に掲げる決意で受諾した。

候補受諾に際して

紀　平　悌　子

一九七一年、五十六万東京都民の信頼をあつめながら成功をみなかった市川房枝氏四度目の理想選挙から三年、再び参議院選挙に理想選挙の灯を掲げることが決定され候補者の一人として東京地方区に推されました。

もとより理想選挙は、推される側より推す側に主体性のある真に有権者の手による選挙ですが、候補者としての条件は〝出したい人〟であります。

私自身、市民の会決定の「候補者の資格基準」に合致することほど遠く、且つ、昨年未熟の身も顧みず日本婦人有権者同盟の責任を託されて以来、日の浅い今日です。個人の立場としては、適性を欠くことを第一の理由として辞退申しあげたいのがいつわらぬ心情です。

然しながら理想選挙の継承は、二十八年来、ともに闘ってきた同志の意志。その提唱者、実践者である市川房枝氏の悲願。この一当七落の金権選挙、参議院の政党化の現状に対し、理想選挙実践のお役に立てばとの気もちで、あえてお引きうけいたします。

紀平氏は市川先生と共に二十五年間、選挙と政治の浄化運動を続け、ことに市川先先が参院議員に当選後、初代秘書として院内で具《つぶ》さに参議院や議員の在り方をみてきた。また、理想選挙運動の推進者として参院選五度、都議選に三度かかわり、それらの経験、実績から市川先生の理想選挙の継承者として適任であるとして交渉がなされたのであった。

そして同年十二月、市民の会は臨時総会を開いて紀平氏を推薦することを決定し、きひらていこ推薦会準備会が発足することになった。

■推薦会結成と活動

一九七四年二月十六日、婦選会館で推薦会が結成され、約二百名が出席。「主婦の怒りを国会へ！」を中心スローガンに、推薦会規約、運動方針、選挙費用と募金計画、役員幹事の選出が討議された。

きひらていこ推薦会規約

一、名称・事務所　本会はきひらていこ推薦会と称し、事務所を東京都渋谷区代々木二―二十一―十一におきます。

二、目的　本会は、昭和四十九年七月に予定される参議院議員選挙に際し、きひらていこ氏を東京地方区から無所属候補者に推薦し、理想選挙により、その当選を期することを目的とします。

三、運動　本会は、右目的を達成するため、左の運動を行ないます。

(1)公示前においては、選挙運動のための準備を行ないます。

(2)公示の日には、推薦届出方式により、きひらていこ氏の「候補者となる承諾書」をそえて、推薦会代表若干名の名で選挙管理委員会に届出ます。届出後は直ちに選挙運動を行ないます。

四、会員　本会の目的に賛成し、自発的な協力者を会員とします。

五、役員　本会に左の役員をおきます。

代表二名、副代表五名、推薦会会計責任者一名、選挙出納責任者一名、幹事・常任幹事若干名、事務長三名、事務次長四名。

六、経費　本会の経費は、有権者からの一口百円以上の拠出金により支出し、法的な届出以外に収支報告を一般に公表し、かつ寄付者に報告します。

七、届出・解散　本会は、推薦会結成と同時に政治資金規正法により政治団体として届出を行ない、選挙終了後はなるべく早く解散します。

八、この規約は、昭和四十九年二月十六日より施行します。

きひらていこ氏を推し出す

理想選挙運動の進め方について

このたびの参議院議員選挙に際し、私共は理想選挙を貫き、市民サイドの選挙運動を展開する。

一、選挙費用について

きひらていこ氏を推薦する有権者から、多額にわたらない寄付金をもって選挙費用にあてる。

冗費をきびしく節約し、法定選挙費用七百五十万円の約四〇%、約三百万円の予算でまかなう。

支出の厳正を期するため「選挙費用は銀行預金による小切手方式」を採用し、選挙終了後は寄付者に収支を報告する。

二、選挙運動について

きひらていこ氏を支持する人たちが、それぞれの立場や生活環境の中で、できる範囲の選挙運動を進め、勝利のため万全を期する。

選挙法を厳守し、違反をしないことはもちろん、法が許していても市民の迷惑となるような好ましくない運動方法はとらない。しかし、従来の運動を省りみて、運動方法の合理化をはかる。

尚、「出たい人より出したい人」のモットーにより、届出は「複数推薦届出方式」による。

（一九七四年二月十六日推薦会で決定）

＜注＞一九七四年五月法定選挙費用が千五百万円に引き上げられたため、選挙費用はその約四割の約六百万円でまかなうことになった。

■きひらていこの基本姿勢と主張

＜基本姿勢＞

一、平和憲法を守る。
一、参議院の政党化を排し、市民の発言を貫く。
一、金権政治に挑戦、理想選挙の勝利を期す。
一、参議院の革新勢力拡大をめざす。

＜主　張＞

一、政治献金は個人に限り、政界と財界のゆ着を断ち切る。
一、インフレ・物価高、つくられた物不足は主婦の手で克服する。
一、公害追放、環境保全は母親の手で——次の世代のいのちを守る。
一、入試地獄を完全解消し、人間らしい教育を実現する。
一、生活と福祉の政治は市民参加で——監視組織をつくる。

一、地盤・看板・カバンの選挙をやめさせ、有権者の選挙にする。

この折、役員・選対会議委員は次のように決められた。

代表・市川房枝、大渡順二　副代表・事務長・小池順子　副代表・近藤真柄、佐竹寛、緒方貞子、吉武輝子　会計責任者・出納責任者・山田弥平治　事務長・蔵前仁一、山口みつ子　事務次長・中野和子、伊藤智恵子、鶴田勝子、本尾良。他に委員四十三名（省略）だった。

推薦会はまず選挙費用の募金活動（一口百円の募金帳用意）を開始。文書作成（ポスター、はがき、公報、新聞広告）、演説会開催計画（街頭、個人演説会、弁士交渉）、事務所の借り入れ、はがき、ポスター配布計画、開票立会人やアルバイトの交渉、看板作成、推薦会員への連絡事務等が次々と進められた。

役員会は概ね毎週開かれ、四月からは選対会議として強化、政策、運動の進め方等の協議と情報交換が行なわれた。

紀平氏は婦人有権者同盟の会長として、各種会合や平生の啓発活動――もより会、青空演説会――を精力的にこなし、選対会議にも出席した。各界婦人の会、理想選挙のための資金パーティー、「主婦の怒りを国会へ！　中央集会」等も開かれ、しだいに紀平選挙の態勢が整ってきた。

五月三日には婦選会館内にあった推薦会事務所を会館向かいの旧市川先生宅へ移動。

一方、一月下旬頃から、市民の会の青年たちが中心となり市川先生全国区出馬要請が続けられ、その都度辞退してきた市川先生も、国民の選挙及び政治に対する不満、参議院のあり方等を考えて、五月二十九日立候補を正式に受諾。このことには、金権選挙批判に対する世論の強い支持があり、また紀平選挙への相乗作用が期待された。

しかし、「市川房枝の後継者」というイメージを前面に出して選挙戦を闘う予定でいた紀平選対にとり「市川」という固有名詞を目立たせることは市川先生の選挙運動となるので違反となる、多数の推薦人の一人として「市川」の名前を使うのならよいという自治省の見解があったため、公示直前で既に校正の段階にあったポスター、選挙公報、新聞広告、政見放送、はがき等の見直しが急拠行なわれた。もっとも、選挙事務所の看板や選挙はがき（七万枚、うち二万枚は紀平単独）の五万枚を市川・紀平合同で作成したことは、選挙費用の軽減になったことはもとより、マスコミにユニークなアベック選挙としてとりあげられた。

■選挙運動

六月十四日公示。大渡代表、小池副代表らが都選管に市川・大渡両人を届出人とする推薦届出を完了。政党の指定席といわれる定数四名に対し、立候補者は自民党安井謙(現職)、社会党上田哲、公明党阿部憲一(現職)、共産党上田耕一郎、民社党栗原れいじ、作家の野坂昭如氏等、二十名。

街頭・立会・個人演説会、選挙はがき、ポスター、電話、個々面接と、法で許された二十三日間の選挙運動が展開された。市川候補との合同街頭演説、婦人団体・消費者団体を初め、有吉佐和子、吉武輝子氏等各界の応援を得たが、大都会で事前運動なしの無名に等しい新人のたたかいは困難をきわめた。紀平候補は他の候補が触れなかった環境、食品の公害問題に的をしぼり、理想選挙は庶民の生活選挙であることを訴えた。序盤戦、知名度の低さがたたったが、それでも徐々に候補者泣かせの団地の窓が開き、カンパを差し出す主婦の群れができるなど支持が広がっていった。

■開票——落選、推薦会の解散

七月七日投票日。翌日開票で投票率は六八・五八％（男六七・五八％、女六九・四七％）。午前十時の速報は紀平千七百票で七位。その後も劣勢はおおいがたく、午前十一時、敗戦声明（別項）と選挙費用概算が発表された。

七月二十日開催の推薦会解散の集いには約百二十名が出席。会計と諸運動の報告が承認された後、残務整理委員会が設置され、約七か月にわたる活動が終了した。

声明

事前運動と金権選挙が横行したこのたびの参院選に私どもは紀平てい子を候補にたて、生活を前面にうたった理想選挙を闘い進めてきました。

結果は残念に終わりましたが、市川房枝氏のあとをうけてたった、新人紀平てい子によせられた有権者の正義あるご支援に意を強くしております。

この選挙を通じ、献身的にご協力下さった市民団体をはじめ、同志の方々に感謝いたします。

私どもの選挙は、まさに市民の手による生活選挙であり、この運動の中から、民主政治の病根と改革への提言を次のように確信いたしました。

一、議席を得るためには手段を選ばずの選挙は民主主義の破壊であり、特に政党の責任は重大である。
一、参議院の特性を考えて、政党偏重の選挙法を改正すべきである。
一、東京地方区の議員定数の不均衡はこの度で実証されたので、速やかに改正すべきである。

私どもは、今後も市民の手に政治をとり戻すため、選挙と政治の浄化運動にとりくみます。

昭和四十九年七月八日

紀平てい子推薦会

最後に、紀平てい子氏推薦会費用と選挙費用の報告書を掲げておく。（次頁以下参照）

執筆者＝（財）市川房枝記念会婦人問題調査出版部主任、理想選挙推進市民の会事務局担当

紀平てい子推薦会総括会計報告

（1974. 9. 30）

収　入		**8,907,735円**
内　訳	寄　付	8,904,332
	雑　収	3,403
支　出		**5,923,964円**
内　訳	選挙費用へ寄付	2,420,249
	推薦会支出	3,503,715
差引残高		**2,983,771円**

残金の処理（内訳）

1. パンフレット（6,000部× 150）	900,000
〃　送料（6,000部× 40）	240,000
会計報告印刷代（13,000部× 10）	130,000
〃　送料（13,000部× 20）	260,000
封筒及び印刷代（10×6,000部、5×13,000部）	125,000
人件費（アルバイト及び編集お礼） 雑　費（交通費、文具費）	128,771
2. 次の理想選挙費用として市民の会に積立委嘱	1,000,000
婦選会館へ寄付	200,000

紀平てい子選挙費用収支報告

（'74.7.20 第１回分、及び'74.7.26 第２回分提出）

選挙費用支出は 2,420,249円
法定選挙費用（1,500万円）の約16％

収　入

寄付（カンパ収入）　**3,000,000円**　紀平てい子推薦会より寄付

支　出　　**2,420,249円**

人件費	539,875	ポスター貼り等のアルバイト（１日平均９人）
家屋費	59,260	事務所代など
通信費	152,754	切手、通話料など
交通費	363,728	ガソリン代、レンタカー、交通費
印刷費	685,690	選挙はがき、ポスター印刷代
広告費	145,000	看板代
文具費	70,766	ポスター用ボンド、事務用品など
食糧費	299,987	食事及び食事材料費
雑　費	103,189	電気、ガス、水道、新聞代など

差引残高　579,751円　推薦会へ返す

備考　①　上記は、７月20日都選管に届出たのち、第２回報告分として7月26日都選管に届出た追加支出16,030円を加算してあります。
②　届出を要しない支出（候補者の自動車関係―宣伝カーガソリン代、運転者謝金等）は、427,934円で推薦会が支払いました。
③　供託金30万円は、市川房枝氏より拝借しましたが、９月に東京法務局より返還され市川氏にお返ししました。

推薦会会計責任者及び出納責任者　山　田　弥平治
職務代行者　新　田　愛　子

ケース・スタディー

一九七三年七月八日施行
東京都議会議員選挙

◆都政刷新を訴えたさわやか選挙

——小池順子氏のケース——

（まとめ・小野静江）

■立候補の動機

一九七三年（昭和四十八年）四月五日、初の日中友好婦人代表団の一員として中国訪問を果し、いい気分で羽田国際空港に降りたった小池順子氏を待ち構えていたのは、都議選候補として立候補してもらいたいという依頼であった。

この日から三週間後に開かれた理想選挙推進市民の会幹事会において、第八回東京都議会議員選挙候補として推薦されることに正式決定するまで、小池氏の胸中にはいろいろな思いがよぎった。「自分はその器ではないのではないか」「選挙区武蔵野市は一人区で、二十余年継続して議員の席にある社会党議員が圧倒的優位を誇り、その上、各党強力な候補をたてている」しかし、前々年の参院選で、三度理想選挙で勝利を得ていた市川房枝先生が落選して、理想選挙の灯があぶない。「市川先生の理想選挙の灯を消したくない。理想選挙をどこかでやらなければならない」「政治をよくするためには、まずその入り口の選挙をよくすることである。理想選挙を実践してみる他ない」

結果的にこの思いが勝った。「無所属の立場で正しいことは正しいと、誰にも左右されず、住民の側に立って、その声を直接に都議会へ反映し、都議会の体質改善・清潔な都政の実現に努力したい」

当時の武蔵野市の概要は、次の通りであった。

人口	一三七、〇〇五人
有権者数	九六、九九四人
武蔵野市都議会議員定数	一人
立候補者数	四人
うち、婦人の立候補者数	一人

都内二十三区に隣接してはいるが、近郊という言葉はあてはまらない。もはや都内であ

る。しかし、環境的には緑が多く、政治的意識の高い地区である。小池氏はこの地で都議会汚職事件について、闘ってきた経験がある。

あれやこれやと考えた末、小池氏は候補者となることを内諾したのであった。

■推薦会結成まで

理想選挙推進市民の会は、その結成総会（一九七一年十一月）において、当面の運動方針の一つとして、「一九七三年（昭和四十八年）七月に予定される都議選に対しての理想選挙の実践」を決定した。候補者対策委員会において推薦についてのシステム作りと候補者の選考に着手し、候補者の資格基準を次のように決めた。

一、理想選挙の趣旨を十分に理解する人。

一、革新都政を推進する人。

一、都民の意志を代表し、具体的に政策を実現しうる人。

一、政党色なく、無所属である人。

一、生活と都政の直結のため、前記条件をそなえた家庭の主婦である人。

このような過程を経て、四月に入り、小池氏の内諾を得て、四月二十五日の候補者選考委員会、及び総会にかわる幹事会の推薦をもって、正式決定した。

六月二日の一九七三年度総会では、この決定を受けて、「推薦候補の必勝を期し、理想選挙実践に努力する」ことを誓い合った。

武蔵野市は都内最大の激戦区であり、最低二万票が必要とされ、他候補はすでに事前運動を完了していると噂されていた。このような中で、理想選挙の灯をかかげるべく、地元の市民の会、婦人有権者同盟有志などと共に推薦会結成の準備はすすめられ、五月二日に市川房枝先生を特別委員長として、小池順子推薦会は発会した。

この会で市川房枝先生は「政治意識の高い武蔵野市民に小池順子氏を都議選候補として、理想選挙実践を訴える」とあいさつした。尚、同時に、推薦会規約が発表された。

小池順子推薦会規約

一、名称・事務所　本会は小池順子推薦会と称し、事務所を武蔵野市吉祥寺東町四ー一五ー一九　武蔵野福音集会所におく。

二、目的　本会は昭和四十八年七月八日実施される第八回東京都議会議員選挙に際し、東京都政刷新と、都民による都政実現のため、市民運動に努力してこられた小池順子氏に立候補を要請し、理想選挙でその当選を期することを目的とする。

三、運動　本会は右目的を達成するため、左の運動を行なう。

⑴　告示前に於いては選挙運動のための準備行為を行なう。

⑵　告示の日には、推薦届出方式により、候補者小池順子氏の承諾書をそえて、推薦会代表若干名の名で選挙管理委員会に届出る。

⑶　届出後、直ちに選挙運動の主体として活動する。

四、組織　本会の目的に賛成し、自発的に選挙法が許している運動に協力する男女をもって組織する。

五、役員　代表者三名、会計責任者一名、幹事若干名、常任幹事若干名、事務長一名、事務次長二名。

六、経費　本会の経費は、一口百円以上の有権者からの拠出金により支出し、法的な届出以外に収支報告を一般に公表するとともに、寄付者に報告する。

七、解散　本会は選挙の後始末終了後、なるべく早く解散する。

なお、重ねて確認し合ったことは「本来市民のものである選挙を、理想選挙によって市民の手に取り戻し、議会制民主主義の信頼を回復するために、出したい人を探し出した結果の選挙であるから、支持者が選挙資金を持ちより、手弁当で運動をすすめる。公選法を守ることは勿論、許されていても、市民に迷惑となる連呼などは一切せず、理想選挙を貫かなければならない」ということであった。

こうして推薦会は結成され、それに引き続く告示前日までの三十六日間、推薦会メンバーは準備に追われた。

カンパの依頼、はがき・ポスターに関すること、街頭演説の計画、届出関係文書、公報・新聞広告の作成、事務所さがしなどである。

選挙対策会議は平均して週一回の割りでもたれ、情勢判断、組織、事務、スローガンの決定、新聞社等からのアンケートへの回答などが協議検討された。

■選挙運動

六月二十六日告示の日、午前八時に武蔵野市選管へ推薦届出をして、直ちにポスターの証紙を配布。十数台の車で掲示板に貼りに飛び出す。選挙用はがき五千枚はすでに全部完了していたものを投函した。その他種々の作業が約八坪の選挙事務所で百名余りの手によって行なわれた。候補者は九時五十分、事務所前で立候補のあいさつを第一声とし、街頭活動を開始した。

この日から七月七日まで僅か十二日間の選挙運動の中で、言論による運動は、事前運動が一切ない理想選挙ではきわめて重要である。

運動期間中、主として街頭での演説会がもたれたのであるが、七月三日には、市民会館で一度だけ、個人演説会を行なった。

街頭演説には市川先生が連日候補者につき、理想選挙による都政刷新を訴えられた。当初、候補者は早朝七時からの駅頭での演説をしない方針であったが、地元の要請で三日目から通勤の人にも語りかける機会をもった。

吉祥寺東町、南町、本町、北町、中町、西久保町、緑町、八幡町、関前町、境南町の路地裏から路地裏へと、武蔵野市のすみからすみまで、車を一、二分から五分間停めて、道行く人に理想選挙を訴えた。この活動には市川房枝先生の他、米倉斉加年氏、サラリーマン同盟の青木茂氏など多勢の人々が応援弁士として参加した。

宣伝カーの乗車心得は厳しく、車内からの連呼は厳禁、病院・学校付近は放送をしない。街頭に立つ時は運動用腕章をつけることなども、車長の指示、司会者の指示に従って行なわれた。

一貫した清潔な選挙への態度は次第に一般市民の共感を呼び、いくつかの街頭演説では派手な政党の演説会より、はるかに聴衆の注目と関心を集めた。宣伝カーの音量も他の十分の一ほどにして、清潔な選挙が都民の都政の出発点であること、地方議会における無所属の有益性、候補者小池氏は都政刷新を実践できる人であることを強調した。

この間、届出後直ちに発送した選挙はがきが各戸に配達される二十八日から、武蔵野市内の電話提供者宅からの電話作戦も行なわれた。選挙運動期間中誰にでもできる電話による言論戦は、強力な運動の一つである。市内外を問わず電話提供者はふえ続け、また武蔵野市民以外でも電話作戦応援にかけつけてくれた。

はじめは紹介者のあるはがきの名簿から、後半は電話帳をみて、家庭の主婦の忙しい時間を避けてかけた。電話で話し合ったことは「理想選挙について・小池氏の人となり・都議としての抱負・議会の刷新・新人を当選させることの意義」などである。

電話件数は約六千五百となり、中盤以後は電話を通じて未知の人からの激励も数多く届くようになった。

そして、カンパ総額も日に日に増し、最終的には、二百八万四千七百四十円にも達したのであった。

選挙事務所は選挙期間中、五日市街道に面した元読売新聞販売所に置いた。足場がよく、人通りも多く、という条件を満たすためにはかなりな費用を要し、この件が暗礁に乗り上げた時、所有者の遠藤和雄氏が理想選挙の趣旨に賛同し、無償で提供してくださったものである。そして、机・いす・やかん・湯のみなど、すべて借りもので整えることができた。

■結果とその分析

七月八日の投票結果、小池順子氏の得票は七千四十三票であった。

推薦会代表市川房枝先生による報告を記し、この選挙の結果分析としたい。

「私共が推薦し、全力をあげて応援した小池順子候補は、七〇四三票を獲得落選しました。

何故敗れたのか、原因は色々あげられましょうが、一言でいえば私共が選挙運動期間の十二日間だけしか、それも乗用車一台による宣伝しかできず、従って武蔵野市の有権者の間に浸透できなかったことにあると思います。

尤もあの共産・社会・自民候補者のはなばなしい物量選挙の中で、法定選挙費用の三四パーセントしか使わなかったのに、二十余年継続して議員の席にあった社会党議員の三分の一の票を得たのは意外であり、武蔵野市民の政治意識を評価するとの意見もありました。また有権者の五パーセント以上の得票があれば、将来必ず成功するとの政治学者の見方があり、小池氏は十万の有権者の七パーセントの票を得たことは大出来だったと激励くださった方もありました。

ともあれ、私共は議会制民主主義の基本であり、その出発点である理想選挙の原則をまげることなく、正しく実践出来たことに誇りと喜びを感ずるものです。

最初心もとなかった選挙陣営にも多くの方々が手弁当で参加協力してくださり、心配した選挙費用も地元は勿論、全東京から・全国から別項報告の如く集まり、残金が出ました。尚マスコミが選挙中にも選挙後にも、この選挙を取上げ、落選した小池氏のすがすがしい写真を大きく掲載し、理想選挙の灯がもえ続けていることを証明してくれました。

ここに参加協力してくださった皆様方及び立候補を承諾し、よく闘ってくださった小池順子氏に深く感謝いたします。」

執筆者＝理想選挙推進市民の会調査研究幹事

小池順子選挙費用収支報告

収　　入	700,000円	（推薦会より）
支　　出	664,205円	（法定費用196万の⅓）
人件費	55,100	
家屋費	30,000	
通信費	125,339	
交通費	125,712	
印刷費	85,400	
広告費	112,960	
文具費	28,168	
食糧費	69,848	
雑　費	31,678	
残　　金	35,795円	（推薦会へ返す）

（備考）・家屋費は支払後、家主より寄附されたので、推薦会の収入として扱った。
・公選法で届出を要しない支出（候補者の自動車関係）は159,736円で推選会で支払った。

ケース・スタディー

一九六七年―一九七九年
東京都台東区議会議員選挙四回

◆義理人情から抜け出た下町の選挙

――白石てつ氏のケース――

（まとめ・久保公子）

東京・隅田川の西岸に位置し、上野、浅草など江戸時代からの下町情緒で知られる台東区で、一九六七年（昭和四十二年）から連続四回、理想選挙で区議選を勝ちぬいた白石てつ氏。どのような経過でこの選挙運動が展開されたのか、各選挙終了後に推薦会がまとめた選挙報告書からたどってみる。

■第一回選挙（一九六七年四月）

白石てつ氏は一九一〇年（明治四十三年）埼玉県生まれ。埼玉県立女子師範学校卒業後、小学校教員を十七年間。終戦の年に荒川区から台東区へ越して以来、保護司や谷中婦人の会会長をつとめ、当時は台東区教育委員も十四年目という、まさに教育や福祉に没頭する毎日だった。

そのような中で、一九六六年一月頃、谷中婦人の会の有志から、同年十二月に区教育委員の任期満了の折には白石氏に何らかのかたちで婦人の代表として社会で活躍してほしい、という話がもちあがった。早速、白石氏にこのことを伝えたが、教育委員を続ける希望があり、他の意志表示はいっさいしない、との返事。しかし婦人会の有志は白石氏に関係なく、その後も話しあいを続け、夏頃には、教育委員就任不可能の場合は区議会議員選挙に出馬を要請することを決めたのであった。

結局、この年の暮に教育委員解任となり、一九六七年が明けてから白石氏も出馬を受諾。二月二十八日に谷中地区の有志婦人約四十人が「白石てつ推薦会」（責任者・大出よし）を結成した。これに先立って、市川房枝参院議員を有志宅に招き、理想選挙を勉強。推薦会は理想選挙を基本方針として活動することを決め、賛同者の寄付による資金カンパ、選挙運動等についての検討をすすめた。

選挙告示前の地元紙には「市川房枝という婦人選挙の名人をいただき『教育委員といえ

ば白石』とまでいわれたその肩書を棒に振って名乗りあげた白石てつ氏（無）。あまり名前が売れ過ぎていて、弱いのか、強いのか、トント見当がつかない新人」（三月二十五日付東陽新聞）と紹介されているが、前教育委員のベテランが無所属で立候補したことは、少なからぬ混戦をきたしたようである。

選挙は四月五日告示、十五日投票日。候補者宅に選挙事務所をおき、総務、会計、ポスター・葉書・選挙カー・演説会・接待・電話・労務などを分担して、十日間の選挙運動にはいった。

白石氏が選挙で掲げた主張は、「理想選挙を実践する。議員の正しい姿勢は、正しい選挙から生まれる」「茶の間の声を区政に」「区政・教育の民主化に努力する」「青少年のための社会施設、母と子のための福祉施設の充実に努力する」の四項目。

四月十六日開票の結果は三千一票で、定数四十人中第八位で初当選をはたした。

白石氏は選挙報告書の中に「選挙を終えて」と題する一文を寄せている。

選挙というものは全く大変なことだと思いました。投票する一人ひとりの心を自分の願いにつなぎとめるということは、とても容易なことでないし、政治力などさらにない私にとって、選挙に出るということは、一大決意を要することでした。それでも幸い市川房枝先生に理想選挙の手引きをしていただいて、初めて選挙そのものに新たな意義と、大きな使命のあることを知り、加えて推薦会のみなさまの暖かいご理解とご熱意に支えられて、選挙に立ち向う勇気と覚悟ができました。（中略）

自由に、自主的にお寄せ下さった三千の心、心に限りない感謝をささげつつ、姿勢正しく議員生活をおくりたいと思っております。

また、選挙運動を担った人たち（全員が選挙には全くの〝素人〟だった）も「今回の選挙の意義は、理想選挙をうたい、婦人が結集し、白石候補の信頼が谷中地区のみならず台東区全域にわたってあったこと、等が考えられるが、それらを総合して言えることは従来の選挙の在り方を否定しようとする意志の上に立っていたということだ。政党にも何の組織にも属さない一般区民の声を力とすることができた今度の成果を、私達は単なる〝十日間の婦人のレクリエーション〟と言わしめないような力にしていくためにはどうしたらいいのかを、今こそ真剣に考えるべきだと思う」と選挙をふりかえっていた。

なお、推薦会の会計報告と選挙費用の収支報告は別掲の通りである。

■二度目の選挙（一九七一年四月）

一九七一年（昭和四十六年）一月二十三日、谷中地区の有志婦人五十余人は、再度白石てつ氏を台東区議会議員に推し出そうと「白石てつ推薦会」（責任者・大出よし）を結成。四月一日告示、十日投票日で、前回と同じ主張と選挙陣容で選挙運動を行なった。

選挙は「二度目は非常にむずかしい」とよく言われる。白石氏の四年間のまじめな議員活動の実績や、ただひとり区政報告を出したという前評判に加え、推薦会への寄付も五百六十七人から五十六万円と、前回より多い人々から寄せられた。好材料が揃ったが、結果は二千三百九十六票で十五位当選。

白石氏も選挙後の総括に「……前回よかった二、三の地点が今回は全く事情が変わっていたこと、若い世代の擡頭で以前と違った空気のゆれが感じられたこと、無所属に対する無理解、不信が一般通念としてあり、特に若い人にその傾向が強いこと、なんとなく大丈夫ムードがあったこと……」を選挙のむずかしさとして挙げている。

一方、選挙運動を担った人たちは、得票数が予想を下まわったために反省ムードも漂ったが、理想選挙で再選したことは素晴らしい、とまず評価。その上で選挙の基本的戦術に忠実であったか、全力を尽したか、等の諸点を点検し、理想選挙とは単に選挙のための一方法ではなく、住民の力によって政治を正しくしていこうとする願いが基本であることを再確認する必要がある、と語りあっている。つまり選挙は「誰々のために」ではなく、「私達の代表として誰々が必要」なのであり、その運動が「私達自身の問題となった時こそ実りある選挙となる。その意味では私達の日々の在り方にかかわってくる」と厳しく二度目の理想選挙をみつめかえしていた。

■三度目の選挙（一九七五年四月）

一九七四年（昭和四十九年）三月、選挙を一年後に控えて有志が集まり、候補についての話し合いが始まった。白石氏を三たび推薦することを決定するまでには、何度か集まりが重ねられた。そして理想選挙に対する白石氏の基本姿勢が変わらないことを確認し、同年十二月、「白石てつ推薦会」（代表・元田量子）を結成。翌一九七五年四月十七日告示、二十七日投票日の選挙戦にのぞみ、結果は千八百十五票、四十人中三十三位で三選された。

厳しかった三度目の選挙運動の問題点を報告書収載の座談会〝理想選挙うらおもて〟からひろってみる。

「一回目は無我夢中、二回目は募金などが問題になり、三回目の今回もその延長のようなところがあり、回を重ねる毎にむずかしさが身にしみる。票も減ってきているし……」「正直言ってシンドイ。でも今の選挙のあり方を認めるわけにはいかないという気持の上に、理想選挙をやってみて、金も組織もなくても自分達の代表を出せたというのは喜びであり、確かな手ごたえとして自分の中に残った」などが理想選挙を実践しての感想。

次に、推薦会結成までの段階での問題として、候補者が金を出さずに有権者が金を出すという募金活動がまだ一般に理解されにくいことを挙げている。今回、白石氏が理想選挙推進基金として報酬の中から五十万円貯金してあるという話になって、ようやくこの問題もまとまった。

選挙期間中の問題では「理想選挙といえども当選しなければ……しかしどんなやり方でもいいというわけではなく……」「連呼もある程度やむを得ないか……」など選挙運動のジレンマと、昔からの習慣で募金の他に陣中見舞を出す人がいるが募金への一本化が望ましい、などが、選挙運動を中心になって支えてきた人たちから指摘された。

なお、今回は推薦会の収入総額百六十九万七千三百六十円（内訳──募金四十七万二千百円、陣中見舞・当選祝五十四万四千円、物品寄付の換算額十八万一千二百六十円、理想

選挙推進基金五十万円)、支出総額は百十三万七千八百九十二円(内訳——選挙費用へ寄付七十二万六千七百二十九円(法定費用の約五四%)、推薦会費用十四万三千三百七十七円、選挙カー関係費十六万七千七百八十六円、推薦会報告書作成費十万円)で、差引残高の五十五万九千四百六十八円が「くらしを守る会」の活動費として寄付された。

この守る会は、六月十九日、残務整理委員会が旧推薦会幹事によびかけて、理想選挙の普及と区政をみつめていくことを日常的に行なう団体をつくろうと協議し、発足した。三度の選挙を実践してみて、推薦会解散後も話しあいの場を継続させたいという思いからできたものである。

■四度目の選挙(一九七九年四月)

一九七八年(昭和五十三年)十月二十四日、有志により次期区議候補として白石氏を推薦、理想選挙によって選挙活動を行なうことを決定し、十二月に「白石てつ推薦会」(代表・元田彌三郎、大出よし、青木幸子)を結成した。

翌一九七九年四月十二日告示、二十二日投票日の選挙をたたかった白石氏の基本姿勢は「無所属をつらぬく」「金銭問題にとくにきびしくする。一期、二期と報酬値上げに反対し、値上げ分は辞退、または社会福祉協議会等に寄付してきたが、五十年（注・昭和）の公職選挙法改正後は寄付が禁止されたため積み立てている」。重点目標は従来の主張に加えて「保育園、子供クラブの充実につとめて働く母親のためにコミュニティ・ケア（地域福祉）を充実させる」などが、より具体的な内容として盛りこまれた。

二十三日開票の結果は一千八百五十六票、三十二位で四度目の当選を果した。

白石氏は「一期から四期まで連続して獲得してきたこの議席は、全く婦人の力の結集と、その周囲の理解と協力の賜物であり、しかもそれは理想選挙でかちとった誇り高い果実」とし、今後は「住民自治の基本理念に根ざした新しいコミュニティづくりや、暮しの中の多様なニーズにとり組んでいきたい」と抱負を述べている。

一方、選挙運動に参加した人達は、「準備段階で今度はダメかもしれないと思った」という人もいたほど厳しかった選挙をふりかえり、「選挙中に盛り上がった熱気は何だったのか。選挙がない時の日常性とのつながりにもどかしさを感じる」と、政治と日常の接点をどこに見出すべきかの疑問が出された。

また理想選挙については「四回目ということでかなり理解された。今まで運動としてすすめるのがむずかしかった募金はすんなりいったようだ。しかし今回は『手弁当』をめぐって多少混乱があった。これは食事だけのことではなく、自分自身の問題として無報酬で選挙運動に参加するという理想選挙の精神のことをいっているのだが……」。四回理想選挙を続けて実践しても、毎回新たな問題がおこり、有権者主体の選挙のあり方がいかに理解されにくいものか、あらためて確認したのである。

このほかにも、これまで中心になって選挙をすすめてきた人達の高齢化や、区政の実態を知ることの必要性などが、今後の問題として提起された。

なお、一九八三年の任期切れを前に、台東くらしを守る会では一年間、白石氏の後継者さがしに取り組んだが適当な人を得られず、台東区での理想選挙の実践はこの四回で終わった。しかし、有権者に政治を取り戻す運動、区政をみつめ、地域福祉を充実させる活動が、引き続き白石氏や守る会のメンバーによって続けられている。

白石てつ推薦会会計報告

1967. 4. 28 報告

収　入		436,760円
内訳	寄付　355人より	436,760
支　出		337,444円
内訳	選挙費用へ寄付	303,764
	選挙前準備金	33,435
	選挙後の後始末費	245
差引残高		99,316円
残金の処理（内訳）		
	o パンフレット印刷代（2,000部）と送料	50,000円
	o 人件費	5,000
	o 交通費	1,500
	o 雑費	2,816
	o 理想選挙推進基金	40,000
	計	99,316円

白石てつ選挙費用収支報告

1967. 4. 30
選管届出

収　入　303,764円（推薦会より）

支　出　303,764円（法定費用60万円の約50％）

内訳

人件費	42,000	（アルバイト1日平均15人）
家屋費	15,720	（選挙事務所費他）
通信費	14,465	（通信費及電話料）
交通費	2,480	（タクシー代）
印刷費	34,500	（ポスター、葉書印刷代）
広告費	74,720	（マイク、看板、新聞広告代）
文具費	1,460	（鉛筆、画鋲、紙等）
食糧費	73,822	
休泊費	15,000	（遠隔地よりの運動員宿泊費他）
雑費	26,635	（光熱水費、ベニヤ板他）

（備　考）尚、別に届出を要しない選挙カーの借料、運転手の賃金、計56,534円は候補者が負担。

ケース・スタディー

一九七五年十二月七日施行
埼玉県上尾市議会議員選挙

◆障害児の母の代表として闘う

——吉川みちよ氏のケース——

（まとめ・小野静江）

■立候補の動機——障害児保育の場から

四歳を過ぎてからやっと歩き始めた長男の手を引いて教会の日曜学校に通いながら、吉川みちよ氏の胸中は、我が子の集団教育をどうしたらよいのだろうかという思いでいっぱいであった。障害を持つ子の教育の場を探したが、直ちに受け入れる施設は全くなく、途方に暮れる毎日が続いていた。

そんなある日、彼女は同じ苦しみを持つ母親たちが自分の他にもたくさんいるに違いないと考え、第一にするべきことはそうした親を捜すことだと思いついた。

ついに十数人の仲間を見出し、話し合いの会を重ねて、結局、自分たちの手で子供たちの教育を始めることとなった。こうして、「自主保育の会」が誕生したのだ。

団地の集会場で始められた保育は、事前の想像をはるかに超えた困難が続出した。定まった会場がないこと、経済的な支えがないことなど、たとえ善意のボランティアに支えられて何とか保育を続けていくとしても、限界は目に見えてきた。そんな時、教会の牧師であり、上尾市議会の不正と闘った経験をもつ土門一雄氏が、母親たちの姿を見かねて、彼女たちの相談相手となってくれた。

しだいに、母親たちの意識は、障害児教育という課題を私的なこととして考えるのではなく、公的な行政がしっかりと受けとめるべきものではないのかという方向に変わってきた。困難な自主保育をしながら、学習や討論を積み重ね、ついに、市議会や市当局（市長・教育長・保育課長など）にその訴えの運動を開始することになった。土門氏も常に運動に加わり、いろいろな援助を惜しまなかった。

やがて市当局がこの問題を理解してくれて、試行錯誤の末、障害児保育審議会を発足させることとなった。審議会には、吉川氏や土門氏も加わり、全市立保育所で、障害児保育を行なうという、画期的な施策が打ち出され、実施に移されることとなった。

この事実は、吉川氏をはじめ、苦労を共にしてきた母親たちの目を、政治に対して大きく開かせることとなった。政治というものは、身近な生活に密接に関係しているということを、身をもって自覚したのであった。自分が主体的に生きようとする時、改善しなければならないことがいかに多く、大きいか。そして、政治の主人公は市長や議員や行政担当者ではなく、自分自身であるという思いに目ざめていった。

この課題をかかえて市議会議員の選挙に出てはどうだろうかという声が出てきたのはむしろ自然の成りゆきであった。吉川氏自身ははじめ、とても自分の力の及ぶところではないと考えていたが、選挙活動の始まる二か月前になり「たとえ自分がこの選挙に当選できなくとも、障害児の問題を全市民に訴え、現状を明らかにし、皆さんの理解を求めるため頑張りたい」と決心するに至った。

彼女にこの決心を促す非常に大きな力となった土門氏は次のように述べている。

「私は何度か、この運動の意義を考え、検討し、政治の場で発言していくことの問題点も含めて、その可能性に心を向けなければならなかったのです。政治の場は、或る面で事柄を抽象化させる危険は十分にあるのであり、そこで高度の福祉論が展開されたとしても、その実感と実体からは遠い問題になりやすいのです。それが、かけ声だけの福祉政策になりやすい実体です。そうであるならば、その壁を破るために、やはりどうしてもなまの声をそこに出して現実を訴え、重荷を叫び、自ら改善を示さねばならないのではないだろうか。私はこうして、吉川さんと何度か語り合ったのです。吉川さんのご主人は静かな温厚な人柄で、問題の深さを受けとめられ、最終的な決断は本人自身であると理解ある態度を示してくれました。だが、吉川さんが市議会議員に立候補して本当に政治の場に立つという決心になるまでには、さらに迷い、苦悶し、不安な内的・外的な格闘があったのです。政治の場に出ることによって、結局、自分の子供自身が放り出されることになり、犠牲になってしまうのではないか。女性が政治にかかわったとしても、所詮どれだけのことが出来るのだろうか。選挙に対しても、カンパで出るということは果して可能なのだろうか。一週間後の返事は〝だめです〟という答えでした。無理もないとは思いながらも、改めて立候補の意義を話し合ったのです。困惑の表情は迷いの深さを物語っているように思えました。しかしその数日後、その使命をはっきりと受けとめる返事が返ってきたのです」

■選挙区・上尾市の特徴

ＪＲ上尾駅では、かつて乗客が殺到して大事故が発生したことがある。この事故に象徴されるように、急速にふくれ上がった近郊都市の数々の深刻な問題をかかえた新興都市である。それ故に、とりわけ人権尊重について深い認識をもった、質のよい議員を一人でも多く議会に送り込むことが要請されている都市といえる。現に市議会の不正と闘った市民運動もある。

当時、市の人口は十四万六千三百五十八人、有権者数九万三百八十八人であった。

■推薦会結成から告示まで

障害児問題という課題を持って、政治的立場・意識は透明なものでなければならない。そのためには出発点である選挙そのものが清潔でありたい。こういう認識から、市民たちが自らの課題を実現するために候補者を立て、自ら経費を負担し、選挙を推し進めていかなければならないという結論に達した。即ち、「市民による、市民のための、市民の選挙」である。これこそ理想選挙以外の何ものでもなかった。

一九七五年（昭和五十年）十一月十四日、障害児を持つ母親たち、自主保育の会のメンバー、教会の人々が集まって、「吉川みちよを支える市民の会」が発足した。席上、選挙対策委員長から次のような文書が出席者全員に配られた。

「一、活動はすべてカンパによって行なう。二、選挙後は活動・経費の公開をする」

選挙運動の経験は全くないものばかりの集まりで、資金的なめどはなく、組織的活動のイメージも何一つなかった。無謀といえばこの上ない無謀であった。

やがて、障害児の母親たち・教会のメンバーは立ち上がり、富士見団地の婦人たちがこの活動に参加してくれて、急速にその輪は広がっていった。運動の中核を担ったのは婦人たちであり、とくに障害児をもつ母親たちであった。それに、この立場を理解した男性が加わり、力強い支えとなった。カンパ活動からポスターの世話、選挙カーの申し出と、自主的に事は進んだ。スピーカー・アンプ、看板に至るまですべて無償のものであった。

思いがけなく無報酬の協力者、理解者がぞくぞくと現れてきた告示二日前、土門氏は政治学者・佐竹寛中央大学教授にこの選挙の成りゆきを説明して、協力を求めた。佐竹寛氏のはからいで、翌日、市川房枝参議院議員を訪ねることとなった。選挙の応援を依頼された市川先生は趣旨に理解を示し、選挙告示当日の第一声の約束をして下さった。これは告示前日のことであったが、この選挙戦は、非常に強力な態勢を組める見とおしが立ったのであった。

■選挙戦――カンパ・子づれ・酒なし

一、障害児問題

障害を負う子供の母親として、障害のある人々の保育や教育や医療の改善をはかる。

二、婦人問題

政治の場から閉め出されていた婦人たちも本当に自由に自らの権利や思想を発言でき、社会的地位の向上ができるように。

三、清潔な選挙

一・二のような政治を目指す者として、選挙はあくまでも明るい清潔なものでなければならない。

告示日、右のような課題をかかえて、選挙カーは婦人たちの手によって動き出した。運転もスピーカーも手弁当の婦人たちであった。

市川房枝先生も約束通りに参加して「理想選挙は出たい人より出したい人を皆が手弁当

で応援するもの。自分たちで資金を集め、自分たちの手で議員を議会におくるのでなければ、良い政治は生まれない」と訴えて下さった。

その夜の推薦会の集会には市川先生も交え百名を超える支援者が集まり、選挙に寄せる熱い思いを語り、全力を尽すことを誓い合った。

他陣営の選挙戦は日に日に激烈さを加えていき、「支える会」は「はたして、理想と現実とが結びつくものだろうか」「結果的に泡末候補となるのではないだろうか」という不安に苛まれ続けた。

だが、カンパは徐々に増え、結局百八十三名の協力で六十九万五千三百円に達した。実動奉仕者も中核を担った者だけでも百五十八名、毎日選挙戦術が練られ、行動へと具体化された。

そして、最終日にはまたもや市川先生が応援にかけつけ、上尾駅西口で数百名の聴衆に、吉川氏への支援を訴えた。

この選挙戦の模様を、選挙を担った一人である飯村ミヨ氏は次のように述べている。

「当落はともかく、私は吉川さんのお話をお聞きした時、微力ながらお手伝いさせて頂こうと思いました。ところがこの選挙は一般にいわれている選挙と全然ちがうのです。

一般の選挙は人海戦術で多勢の人手を要し出費も非常な額にのぼるのですが、吉川さんの所では皆さんカンパして、少しのひまをみつけては子供づれでかけつけてくださいます。勤務の合間に来てくださる方、遠く東京、浦和、大宮から応援にきてくださった方々すべて、謝礼・交通費など一切なく、逆にカンパをくださるのです。

選挙にはお酒がつきものときいていましたが、男性も多勢手伝ってくださったのに、最初から最後まで、当選されてからまでお酒を飲む姿をみませんでした。

その他、素人アナウンサー、素人演説、多勢の方々の心よりのカンパと応援で、はじめの私の心配は日一日と薄れ、市民の反応も心強いものとなりました」

■選挙結果――高得票で当選！

十二月七日、金も組織も持たず、障害の子をかかえた一母親が新顔で参加した上尾市議会議員選挙の投票日がやってきた。

結果は千五百三十九票！　思いがけない得票で当選であった。選挙費用の五十九万四千円余は法定選挙費用をはるかに下まわるものである。こんな例は上尾市の市政始まって以来初めてのものであったろう。さまざまな問題をかかえた上尾住民の中に、良識ある市民の目は確かに生きていた。

理想選挙を通してのみ、本来有権者のものであるべき政治を、真に市民のものとすることができる。最後にこの選挙に贈った市川房枝先生の言葉をご紹介して、しめくくりとする。

「市会議員というのは、皆さんの代表ですから、そしてこれは市民が幸せになるようにということで議員として出ていただくものであるから、そのための選挙の費用は、候補者が出すのではなく、皆さんが負担するのでなければなりません。金があるから市議会議員にでも出るという考えはとんでもありません。候補者になる人には金を出させない。皆が手弁当で活動するのです。

そうして選ばれてこそ、自分の利益のためにではなく、本当に皆さんのために働く議員になるでしょう。多額の金を費した場合は、いったいどうなることでしょうか。その分だけ人は取りもどそうとするでしょう。議員になると利権をあさるようになるのは、いうまでもないことです。

さて、私は、この国会での衆議院の場合はこれは政党の立場で、政策を立て政治をすすめる必要性があると思います。しかし参議院の場合とか、地方自治体の議員の場合は、無所属の立場が最もふさわしいと考えています。それも革新の無所属の立場がよい。しかも、政治の場において、婦人の政治感覚というものがどうしても必要に思えてきます。何故って、人口の半分はやはり婦人なんですから、婦人議員をどうしても出したいものです」

吉川みちよ選挙費用収支報告

カンパ総計　695,300円
カンパ者人数　183名
物品カンパ　茶菓・果物・野菜・調味料・花束・その他
法定選挙費用1,549,000円であり、吉川の場合は594,912円で全てがすんだ。

収　入	695,300円（カンパ）
支　出	594,912円
人権費	0
家屋費	25,000
通信費	65,030
交通費	6,200
印刷費	129,000
広告費	92,500
文具費	39,588
食糧費	101,804
宿泊費	0
雑　費	90,790
材木費	45,000
残　高	100,388円

ケース・スタディー

一九六七年四月・一九七一年四月施行
福島県須賀川市議会議員選挙

◆小都市で学習した理想選挙で勝つ

——蓬田ヨウ氏のケース——

（まとめ・本尾　良）

■須賀川市民の気風

福島県須賀川市は、県の中心から南東部に位置する、人口五万七千八百人ほどの、山林にかこまれた田園都市である。

この須賀川市の市会議員選挙で、三回の理想選挙が行なわれた。二回つづけて当選、三回めは落選したが、当落にかかわりなく、理想選挙の実践記録である小冊子が残された。推薦会の人びとがペンをとり、市川房枝先生が編集、婦選会館出版部が発行したものである。

須賀川市民の誇りは、国指定の牡丹園、日本三大火祭りのひとつ〝松明あかし〟、「白河の関」を越えた芭蕉が「等窮といふ者を尋ねて、四五日とどめらる」と『奥の細道』に記し、宿場町須賀川に七夜八日滞在したことである。「風流の初《はじめ》やおくの田植うた」「世の人の見つけぬ花や軒の栗」の二句がある。

当時の須賀川は、自由な町人の町で、俳諧も盛んであったという。この気風が底流に残っていて、新鮮で、選挙啓発的な理想選挙を東北の小都市に成功させたのではなかろうか。

■一九六七年市議選のもよう

第一回の理想選挙は一九六七年(昭和四十二年)四月、候補者は蓬田ヨウ氏である。この年の地方選挙では、仙台市で加藤美子氏、東京港区で森下文一郎氏、府中市で山内国助氏の四人が、理想選挙で当選した。また東京台東区で白石てつ氏、山口市で岡野敏子氏が、明るく正しい選挙で当選している。公明選挙の昂揚期といえる。

須賀川市で理想選挙に踏み切った動機は、蓬田ヨウ推薦会代表の味戸キク氏が書いた一文につきている。

「市制施行以来、すでに十三年、これまで市会の議席が男性のみによって占められておりましたことは、考えてみれば残念と申すよりも、不思議な現象と申すべきでございましょう。

地域社会の発展も、女性の地位の向上も、すべては政治によってのみ解決できるものと信じ、ここに代表を市会に送り、婦人の生の声を市政に反映させようと、婦人団体連絡協議会の同志は、団結して立ち上がったのでございます。また選挙の行なわれるたび、私たち婦人は街頭に立ち、金のかからぬ選挙をと、市民の皆さんや候補者に呼びかけて参りましたが、年ごとに高まる違反の度合いに、身をもってきれいな選挙を行ない、明るく正しい選挙運動の啓発の一助としたい念願でございました」

女性の地位を高め、政治教育の目的をもつ選挙であった。

前年の一九六六年に、岩瀬、須賀川婦人団体連絡協議会が結成された。結成式の十二月十三日、婦人参政二十年を機に「来年の地方選挙には、婦人議員を市議会に送りだそう」と決議した。

それぞれの団体で候補予定者をはかった結果、郡市未亡人会の会長であった蓬田氏を、すべての団体が期せずして推薦した。家族に幾度も懇請し、ようやく許しを得た。蓬田氏は、小学校長、社会教育主事を経て、当時、婦人団体連絡協議会事務局長、母子福祉協議会会長をつとめていた。

味戸氏は「今までの選挙とは全く性質を異にした選挙が、この東北の一小都市において行なわれるにつきましては、その趣旨の徹底、浸透は、想像以上の難事でございました」と書いている。

婦人有権者同盟の須賀川支部では、例会ごとに政治や公職選挙法に関する勉強を重ねた。しかし選挙にはしろうとばかり。困りはてたが、市川先生は手にとるように教えられ、推薦会や選挙運動にも須賀川へ出向かれた。

「市川先生が提唱された理想選挙の線をあくまでも貫き、先生のご信念を遵奉して、汚すことのないようにと、固く念じつつ、ひたすら闘いつづけて参りました」とは、味戸さんの手記である。

よい候補者にも恵まれ、前近代的な地縁、血縁選挙がまかり通るなかで、民主政治の先兵として、精力的に市民に説き歩いた推薦会員の、学習でつちかった自信と計画性、純粋な情熱と団結が、勝因であったといえよう。

■推薦会の発足から、その足どり

二月二十二日、第一回準備会を開く。三月三日、市川先生から、くわしい注意をきき、「一同やっと納得して、推し出す側の気もちも引きしまり、候補予定者も落ちつきが出来た」とあるが、全体の見通しがついた一同の、緊張感が伝わってくるようだ。

三月十一日、推薦会の規約案と役員予定者をきめて、十七日の推薦会にそなえる。蓬田ヨウ推薦会は、八木屋呉服店二階で結成された。以後、事務所は、当主夫妻の好意で、離れ座敷を使うことができた。

推薦会の会員六十二名。当日の出席は三十二名で、代表者・味戸キク、会計責任者・鳴原ミツ子、事務長・岡部政子、事務次長・笠原美称氏ら、各地域から幹事十七名が選ばれた。実務担当者に男性の佐川栄次氏をお願いしたが、このことは非常にプラスになった。

選挙準備のための会合は六回もたれた。ポスターは、市川先生にあやかって、黄色、うす緑、赤の三色にした。

立候補届出当日の写真には、男性に立ちまじり、唯一の女性届出人の姿が、きりりと美しく収まっている。

届出終了を待って事務所びらき。集まった五十三人は、理想選挙をつらぬくことを誓って、選挙運動を開始した。事務所前で第一声ののち、二台の車は出発。事務所では、ポスターを抱えて運動員が散って行き、仮設した台所では食事が用意される。

遊説隊は、山また山、広々と続く田畑、ひとかたまりの農家を見つけては「婦人の声を市議会に」「お金をつかわず、きれいな選挙を」と訴えた。わずかな人の背によびかけるときの心細さ、集まっていてくれた人びとに話すときの嬉しさ。車輪が溝に落ちこんで、他の候補者が引きあげてくれたこともある。

雨の日は、候補者以外はモンペばきに雨靴。途中で借りた綿入れのチャンチャンコを着て事務所に戻った姿に、労わりの声と爆笑と。同じ目的に、運動員の気持ちは結ばれていく。

いよいよ五日目に市川先生を迎える。風と雨の吹き降るなかを、先生は十一か所で市民に呼びかけられた。市川先生の応援なら、当選疑いなしの声がきかれるようになった。先生は、デマに惑わされないようにと、こまかい指示をあたえて仙台へ向かった。

ハガキの宛名は、事務所で一括して、二日がかりで書いた。「……微力の私には重荷とは存じますが、過去の体験を通し、これまで共に考え、共に話しあったことを、婦人の声の代弁者として市政に反映させて行きたいと存じます……」と蓬田氏はハガキに書いた。

個人演説会は二十二日から六夜、七時から九時まで開催した。各会場では約五十数人が集まって効果的であった。

開票当夜は、事務所に八十人もぎっしり集まる。投票率九四・三四％、女子九四・九六％で、女子が男子をしのいだ。十時すぎに、確定票七百八十八票、第十位で当選する。早速、市川先生に報告。蓬田氏の票は全地区にわたっていた。佐川栄次氏は「数々の苦難を打破して、よくぞ団結し、共々にこの選挙に家を忘れ、職を離れ、すべて勝ち抜くために捧げつくした苦労を語り合い、夜の更けるのも忘れていた」と、この夜の感激を記している。

選挙費用は、法定選挙費用のわずか六割であった。

当選した蓬田氏は「同志の方のご信頼に対し、深く頭を垂れ、議員の一人として、全力投球、皆さまのお力に立たなければと、心に誓いました。正しい議員のあり方を勉強して、理想選挙で推し出された者にふさわしく、出来るだけ多くの方のご意見を伺い、また機会を作って議会報告を行なうつもりでございます」と、自分自身と有権者に誓った。

蓬田氏は、この通りに責任を果して、四年後、ふたたび推し出されるのである。

■一九七一年市議選のもよう

一九六七年（昭和四十二年）の選挙のあと、推薦会を解散してからも、年に一度、思い出の会をもった。選挙中の苦労話と、次の選挙が話題になった。また中心になって進めた人たちが集まると、次期も理想選挙を続けなければ、女の面目が立つまいと意気盛んであった。一九七〇年ごろから人選の話が出て「もう一度蓬田さんを」と、蓬田氏の再出馬を望む声が高かった。

当選以来、議員としての蓬田氏の活躍は推薦者の期待通りで、公約を守り、年一回の会計報告は勿論、機会ある度に議会の報告をして、議会と市民のよい架け橋となった。議会では是非の判断にあやまりなく、堂々と言うべきを言って、市民代表にふさわしく、市政の正常化、母子福祉、社会教育、学校教育、施設の拡充、中小企業の金融引締の緩和などに尽力した。活動は精力的であった。

一九七〇年十月、前回の選挙で骨を折った人々が集まり、話しあった結果、理想選挙で、来春の市議選に蓬田氏を推薦することを決定した。その場で蓬田氏に申し入れたが、蓬田氏は「今度は若い人を推し出す側に立ちたいと思ったが、皆さんの熱意と、四年間にやり残したこともあるので、お引き受けします」と承諾したので、早々と候補者がきまった。

理想選挙に関心をもつ人々も、蓬田氏の推薦を心待ちにしていたので、二月八日に推薦会を結成する運びになった。一九七一年（昭和四十六年）四月の選挙である。

第一回の手さぐりの選挙にくらべれば、第二回めは、前回を踏襲して、手ぎわよく進めることができた。

二月八日、推薦会結成。信用金庫会議室の会場に、婦人団体各地区の有志三十三名、岩瀬郡連合婦人会代表二名が出席。鏡石町からは、男性二名の見学者も参加した。市川先生を迎えて、一同大いに励まされ、先生は、むずかしいといわれる再度の理想選挙の実行をよろこばれて、前途を祝福された。

事務所は、蓬田氏の地元の要請で、南町にきまり、小野口進氏の自宅を借りた。推薦会代表・鴫原ミツ子、会計責任者・小松淑子、補佐・小豆畑チエ、事務局長・岡部政子、次長・深谷常子氏に決定し、各地区から幹事が選ばれた。実務責任者は、前回と同じく、佐川栄次氏に懇請してかなえられた。

しかし前回に増して苦しい闘いであった。鴫原ミツ子氏はこう書いている。

「定員三十名に候補者三十三名という少数のため、お互いにしのぎを削る激戦となったのでございます。選挙の度毎に叫ばれる、明るく正しい選挙もお題目だけ。実際は何百万もかかるとささやかれている中で（中略）理想選挙で闘う推薦会の人々の苦労は容易なことではありませんでした。

その上、理想選挙の二度目はむずかしく、地方においては、当選の例をみないといわれ、連日不安と焦燥の日を送ったことも、忘れられない思い出となりました」

理想選挙をわかってもらうために、理想選挙のしおりを配布し、説明につとめた。準備会を六回、役員会を二回開いて、ポスター（三色刷り）、届出用の書類、選挙用ハガキの発送原簿、演説会の日程、行事など確認し、十日間の選挙運動の徹底をはかった。

蓬田氏の抱負は

(1) 婦人、子どもの立場を市政に結ぶパイプ役
(2) 働く婦人のための職場開拓と乳幼児施設拡充
(3) ごみ処理、し尿処理、下水道整備ときれいなまちづくり
(4) 老人の無料診療、母子家庭の保護育成
(5) 社会教育施設の充実、人づくりの教育

(6)　中小企業の振興対策
(7)　道路、公園の整備
である。

■ただ食い腐敗選挙を押しのけて当選

四月十五日届出。女性の届出人は今回も一人であった。事務所開きには五十八人集まる。事務所前で遊説の第一声をあげた。今回は若年層へのよびかけを重視して、応援演説には若い人も加えた。

四日目、市川先生が郡山市の帰途、応援に来られた。理想選挙の是非と、婦人議員を議会に送ることの意味を説かれたのだが、「お礼が大変だっぺ」という声があって、お礼どころか先生からはカンパもいただいているのにと、考え方の違いに事務所では驚いた。選挙は「飲むもの、ただ食いするもの」という旧弊なふんいき、派手になる一方の選挙のなかで、市川先生の応援は大きかった。

シンボルマークのついた旗をなびかせて、各地域総出で、威風堂々の、三十台の他候補の車パレードに、蓬田氏の車が立ち往生したり、困難な闘いであったが、それだけに理想選挙を実行した意義は大きかった。

開票の結果は、女性の投票率が高く、七百七十二票で、前回よりもやや下位ではあったが、見事に当選を果たした。今回の選挙においてすら、二度目であるというのに、理想選挙を説いても有権者は馬耳東風。四年後までに、また力をあわせて普及しようと、運動員は当選の感想を述べている。

なお、このときの選挙費用は、法定選挙費用の七割でまかなわれた。

密着した候補者と推薦会、理想選挙に徹した推薦会員の、結束した選挙運動が勝因である。

このあとの一九七五年（昭和五十年）四月の理想選挙は実らなかったが、須賀川市の女性が蒔いた種子は、時とところにふさわしい形で芽ぶき、ふたたび育つ日があるにちがいない。

執筆者＝理想選挙推進市民の会調査研究幹事

蓬田ヨウ推薦会会計報告（第1回 1967年4月）

収　入	284,050円	**支　出**	228,210円
寄　付	271,190	選挙運動費用として寄付	180,505
当選祝	6,860	選挙前及び後始末費	47,705
物　品	5,000	食糧その他物品購入費	25,940
		電話料	4,000
		事務所机修理費	10,000
		雑　費	7,765
差引残高	55,840円		

（備考） 残金は理想選挙の記録印刷費用にあてる。

蓬田ヨウ選挙費用収支報告（選管届出）

収　入	192,405円	
寄　付	180,505	（推薦会より寄付）
	11,900	（労務無償提供）
支　出	192,405円	
人件費	36,400	
家屋費	32,440	（事務所費，個人演説会場費）
通信費	10,786	（ハガキ，電話，電報料）
交通費	560	（タクシー代）
印刷費	39,800	（ポスター，ハガキ各1,200枚）
広告費	47,900	（看板，けんすい幕，マイク料）
文具費	11,181	
食糧費	9,339	
雑　費	3,999	（糊，テープ，鋲，燃料費）

（備考） 上記の外、届出を要しない候補者の車借代、ガソリン代、運転手の日当等 33,260円は候補者が負担。法定選挙費用は 297,100 円 だから約 60 %ですんだ。

蓬田ヨウ推薦会会計報告（第2回 1971年4月）

収　　入	474,623円
寄　　付	451,823
物　　品	22,800
支　　出	343,373円
選挙費用として寄付	284,234
推薦会支出 （選挙前及び選挙後の費用を含む）	59,139
差引残高 （記録作成費にあてる）	131,250円

蓬田ヨウ選挙費用収支報告（選管届出）

収　　入	284,234円	
寄　付	284,234	（推薦会より）
支　　出	284,234円	
人件費	60,000	
家屋費	15,000	（事務所借上げ料，個人演説会場費）
通信費	14,750	（ハガキ，電話料）
交通費	1,140	（タクシー代）
印刷費	54,400	（ポスター，ハガキ印刷代）
広告費	64,885	（看板，ちょうちん，マイク代）
文具費	7,020	（紙，糊，画鋲，テープ代）
食糧費	49,789	（弁当調整費，茶菓代）
雑　費	17,250	（燃料，電気，水道料他）

（備考）・上記の外、届出を要しない候補者の車借上げ料、ガソリン代、運転手の日当等は候補者が負担しました。
・法定選挙費用 405,600円でしたので，約 70 %です。

ケース・スタディー

一九八二年一月二十四日施行
長野県更埴市議会議員選挙

◆寒風の中、熱気で闘った十日間

――石川文子氏のケース――

（まとめ・本尾　良）

■更埴市議選の背景

市制二十三年（一九五九年・昭和三十四年に合併）を経た長野県更埴市は、北信濃の南の玄関口、武田・上杉の両雄相争った、善光寺平の南端である。人口三万六千人。緑の自然に恵まれて、古代ロマンと、近代化のとけあう町であり、町の中央には千曲川が流れている。

千曲川に沿って、肥沃な耕地が広がり、果樹、園芸、畜産などを奨励して、市は都市近郊型農業を目標としている。

姨捨《おばすて》の「田毎の月」、善光寺平の景観と並び、およそ三百年前、宇和島（愛媛県）の伊達藩から、松代藩主に嫁いだ、豊姫持参の杏《あんず》の種子が、いまでは十万本に増えて〝杏の里〟としても観光の名所である。

花卉栽培の花々が四季を彩り、森将軍塚古墳（四世紀半ばごろのもの）など名所旧蹟に囲まれ、木造の千手観音坐像（藤原時代中期）、愛染明王坐像（江戸時代中期）などの文化財、雨宮の御神事踊り（平安朝時代）などの古い行事を温存する一方で、近代的な教育、福祉施設も多く、産業振興の都市でもある。

伝統を守りつつ新しさを求める市民の、市民参加による市政があり、しかも教育県長野、そこに理想選挙が成功したとしても、決して不思議ではない。

さらに更埴市議会には、一九六三年（昭和三十八年）から一九七二年まで三期十年間、理想選挙に近い形で推しだされた大西加代氏（一九八一年十一月十一日没）が、議席をもっていた。その実績は高く評価され、大西氏を支えた婦人団体や先輩たちの活動の足跡は、八年経過したのちも、婦人の進出にとって恵みの土壌であった。

一九八二年（昭和五十七年）一月二十四日の市会議員選挙に、理想選挙で推しだされた石川文子氏は、定数二十六名、候補者二十九名の厳しい選挙にもかかわらず、千三十九票

（投票総数二万三千四百三十九票）を得て、みごとに第四位で当選したのである。

石川文子推薦会会長の宮坂まさ氏は、理想選挙に踏み切った動機をこう述べている。


「一九七五年（昭和五十年）の国際婦人年を契機につくられた、国・県の行動計画は、審議会、委員会等に定員の一〇％の女性起用をうたっている。生活のすべてが政治にかかわる今日、人の生命を生み、育てる女性の、政治への進出が大切であると考え、推薦にふみきった」


市及び県連合婦人会は、毎年、四月の婦人週間、六月の幹部研修会などで、婦人問題、政治問題の学習の場をつくった。

県連婦人問題研修会では、身近な課題をテーマに、各郡市でテキストにまとめて、肌にふれる政治を学んだ。一九八一年の研修会には、更埴市から「婦人議員を出そう」というテキストを提出した。こうした学習のつみ重ねで、政策決定の場へ婦人を送ろう、との声は、だんだん現実味を帯びてくる。

明るい選挙推進のための講演会に、市川房枝先生を迎え、婦団連主催の講演会に、当時の婦人有権者同盟会長の紀平悌子氏を招いて、理想選挙に関するくわしい説明をきき、ますます理解を深くした。

市川先生亡きあと、市川先生の不屈の生涯を綴る長編記録映画「八十七歳の青春」を上映したが、一千人の観客に感銘を与えた。〝権利の上に眠るな〟と、婦人会の人々はついに学習から実践へ踏み切り、具体的な候補者の人選に入ったのである。

一九八一年（昭和五十六年）六月、七月、八月と候補者の選考をつづける。みどり会（退任婦団連会長の会）、聖風会（八地区退任婦人会長会）、婦団連（加盟十六団体）理事会が中心となり、次の選挙にもつづけて立候補のできる、若い人にマトを絞って進めたが難航した。さいごに、これまで先頭に立って努力された、婦団連会長の石川文子氏に懇請し、承諾を得ることができてほっとした。

九月三十日、埴科地方事務所に「石川文子推薦会」の届出を行なう。推薦会長・大西加代、副会長・若林鈴子氏ほか八名。会計・宮坂うめ子・吉沢ふじ子、事務局・宮坂まさ・小林佐紀子、常任幹事二十九名、幹事五十六名であった。

ところが喜びも束の間、柱とたのむ大西会長が、十一月十一日に急逝された。野辺の送りをすませた会員は、悲しみを力にかえて、故人の遺志を継ぐことを誓った。十七日に役員会を開き、後任会長に宮坂まさ、若林副会長を事務局長兼務として、態勢をととのえ決意を新たにする。

故人の夫君の病院長・大西益太郎氏は、推薦人代表として亡き妻に代わり、勝利のために全力を傾注された。柿崎進氏ほか六名の推薦人代表はもとより、多くの男性の応援があって成功した選挙である。

事務所びらきの案内状を印刷してから違反と知り、電話連絡に切りかえるというミスもあったが、準備は順調に進み、理想選挙を徹底するために、地区ごとの学習会も二〜三回ずつ開催した。

事務所びらきの確認、遊説巡路の作成、個人演説会の日程と講師、ポスター共同掲示場への手配など、万端ととのえて、一月十四日、選挙戦に突入する。事務所は候補者宅に置いた。

「事務所の手伝いは、各自の生活に支障のないように都合しあうこと。事務所は和やかに自主的な参加で、と話しあう」と、選挙の記録に書かれている。推薦会は、理性にもとづいた勇気ある人々の集まりであったと、うかがい知ることができる。

■石川文子氏の手記から

理想選挙の記録を、石川文子氏は当事者でありながら、実に客観的に記述している。

理想選挙を実践して

更埴市　石川文子

立候補の決意・承諾

更埴市では、過去において十年間にわたる婦人議員の活躍により、婦人の地位の向上と市政の浄化、地域の発展に大きな功績を残されました。退かれてのち、二期八年の空白を経て、次期市議選挙にはふたたび婦人議員を、という声が非常な高まりとなりました。しかし候補者の選出は難航し、また今回も見送り、という事態の中で、婦団連会長である私に、ぜひ立候補を、という要請になりました。

もとより力不足の上、政治に不向きな自分であり、当然辞退すべきと考えましたが、その反面で、婦人の手による理想選挙の実践こそ、更埴市の婦人層が長年の政治学習により、引きつがれ語ってきた力を実際に生かす好機であり、その成果によって、今後多くの婦人の活躍をめざして、自立と向上をすすめるための踏み台となるという、意義の深さを考えました。

そして、婦人の声、市民の声によく耳をかたむけ、それを市政につなぐパイプ役として、自分なりにベストをつくそうという考えに到達することができました。

さて、勇気をふるってお引き受けいたしてより、各方面にわたり、実に多くの方々から、深いご理解とご厚情を、そしてご厚志をおよせいただいたことは大きなよろこびであり、深く感謝申しあげる次第でございます。

事務所びらき、遊説第一日

全市から、また県下各地からかけつけてくださった方々により、三百人を超す非常なもり上がりとなった事務所びらきの感激を胸に、候補者のたすきに身も心も引きしめて、この戦いを乗り切る覚悟を肝にすえ、早速、日程による市内遊説に廻った第一日でありました。

公報掲載文

無所属　石川文子

立候補のごあいさつ

国連婦人の十年が叫ばれてから六年、婦人の地位の向上も年ごとに進展してまいりましたが、婦人の政策決定の場への参加は、困難を極めております。「市民の過半数をしめる婦人の声を大いに市政に反映させるべきである」と、このたび多くのご理解ある各方面の熱いご推薦をうけ、勇気をもって立候補いたしました。

平和な差別のない地域づくりに、調和のとれた清潔な市政のために、お役にたちたいと願っております。

なお選挙は、ご理解あるカンパと手弁当による理想選挙の方法で、行なわれています。どうかこの理想選挙の遂行に深いご理解とご支援を心よりお願い申し上げます。

私の主張

1. 婦人の立場から次の世代の命を守るために公害追放と環境保全につくします。
2. 平和の維持と推進につとめます。
3. 母子、寡婦、障害者、老人、働く婦人の福祉、及び差別等の問題にとりくみます。
4. 社会教育の推進と充実をはかります。
5. 全市的立場に立って、市民の声を市政に反映させます。

全市遊説

寒風の吹きすさぶ村はずれの神社の前で……静かな団地の真中で……また人々の行き交う夕方の街角で……そして雪の降る山深い部落の公民館の前で……。

調和のとれた市政のため、政策決定の場へ婦人の代表を！　理想選挙の実践を一日も休むことなく叫びつづけ、訴えつづけた十日間でありました。

その間、同乗者の応援演説は非常に効果をあげ、またゆきとどいた介添えは大きな支えでありました。

各地くまなく遊説の先々で、また個人演説会場で、厳寒の中を心をこめて迎えていただき、激励を受け、勇気百倍した日々でありました。とくに、それぞれの個人演説会で推薦人代表であられる紀平悌子先生が、また有権者同盟須坂支部から坂本さんが応援にかけつけてくださり、参集の人々に強く訴える貴重な演説をいただいた感激は、終生忘れることはありません。

選挙事務所

毎日、四、五十人に及ぶ人々が訪れ、なしとげんとする目的をもつ活気がみちあふれておりました。当番によってつくられた食事のおいしさは格別であり、私の楽しみでありました。

投票日――開票

十日間の選挙戦を終え、いよいよ開票の夜となり、事務所は百五十人を超す人であふれ、刻々と知らされる得票にかたずをのむ数時間でありました。一千票を越え、上位当選がきまり、電話のベルが鳴りひびく中で、事務所は喜びに湧きたち、戦い抜いた人々の目に涙が光っておりました。そして、私の双肩にずっしりと重い責任がかかって参りました。

理想選挙の旗じるしのもとに、みんなが熱い火の玉となって戦いぬいた選挙戦でありましたが、とくに選対本部を中心にした推薦会役員のみなさまの、家庭を忘れての献身的な活動と、一糸乱れぬチームワークの素晴しさに、同志として深い感銘と熱い感謝を捧げるものです。（後略）

手記は最後に亡き大西加代、桜井敏子の両先輩に当選の報告を、推薦人、親類、同性の人たち、夫、家族に感謝を述べて終わっている。

十月四日からのカンパ活動に、百二十六万円、千八百三十二人が応じて予想以上の成績であった。候補者の地元の男性や常会長さんから、今までの選挙とちがうが、と申し入れがあって、理想選挙の説明にも出かけた。連日の遊説の巡路は、地区別に大通りは赤線、小路は青線の全地図が提出されてそれに従い、七回の個人演説会は、いずれも盛況だった。

選挙事務所には、毎日支持者が激励に訪れ、午後一時からは若手役員、夕方五時からはOB役員の意見交換があり、外からの批判や苦言も参考にして、毎夜八時から選対会議を開いた。

候補者は厳寒の中を笑顔で健闘し、推薦会員はわが身が候補者のように訴えて、中盤戦から評価は高まり、終盤戦では、馬に喰わせるほど大量の得票をするだろうとデマが流れだしたため、臨時推薦人会を開いて戦術を検討し、引きしめた。

最終日七時半、広場での打ちあげ式には百人以上集まり、会長、事務長は、選対、支持者、炊事担当者、女性を手伝いに送りだしてくれた男性にお礼を述べ、一同は候補者とともに労苦をねぎらい、きわめてすっきりした気持ちで選挙戦を完了したという。

当選後、団結して闘った三百二十五人の会員で「いづみ学習会」を発足させ、婦人の地位向上と理想選挙の発展をめざして歩きはじめたのである。

石川文子推薦会会計報告（1982年1月24日）

収　入	2,175,409円
カンパ（1,832人）	1,259,750
政治学習繰越し金	16,543
カンパ利子	3,748
積立金（大西加代氏歳費の一部を選挙のために積立てる）	229,448
理想選挙の手引き	3,800
陣中見舞い	588,500
現物見積り	73,620
届出不要の準備金	398,000
届出収入合計	1,777,409円
支　出	
＜推薦会準備金＞	344,880円
地区学習会	135,000
市外連絡費	30,000
交　通　費	3,000
学習及び対策費	30,000
ダ　ル　マ	25,000
推薦ハガキ	80,000
カンパ帳（紙）	2,880
カンパ帳印刷	5,000
候補者写真（ポスター用）	4,000
ポスター集団掲示板	30,000

（次頁へつづく）

＜選挙費用支出＞	779,735 円
人件費	215,000
家屋費（公民館使用料，電話工事費）	24,000
交通費	113,000
印刷費（ポスター・推薦状）	41,000
広告費（立看・拡声機）	50,000
文具費	9,760
食糧費	246,810
学習費	59,000
雑　費	8,785
差引残高（いづみ会へ引きつぎ）	652,794 円

（備考）　届出不要支出の内訳は運転手謝礼、ガソリン代、車修理費、灯油、医療費、開票記入票、自動車借上げ料、当選礼状の費用、選対解散会。

届出支出合計	1,124,615 円
法定選挙費用（1,609,100 円）の 6 割	

ケース・スタディー

一九八六年七月六日・一九八九年七月二十三日施行
第十四回・十五回参議院議員選挙（熊本選挙区）

◆保守王国に理想選挙の種子を蒔いて遂に勝利！

――紀平てい子のケース――

（手記・紀平悌子）

一、一九八六年夏・理想選挙を説き歩くも惜敗

■父祖の地熊本から突然の立候補要請

一九八六年（昭和六十一年）七月六日（日）第十四回参議院選挙熊本選挙区選挙に無所属革新の立場で立候補、市川房枝先生の理想選挙を継承し、言論戦を貫いてよく戦うも次点で落選。得票率二九・〇四％、二十七万八千二百三十七票、選挙費用は七百二万三千七百五円、法定選挙費用の二千百六十四万九千円の三二・四％、選挙費用はすべてカンパに

よる……以上が紀平てい子の百五十日間熊本夏の陣、推薦母体「今日からあしたへ手をつなぐ県民の会」に集うた働く人、市民、婦人の手で支えられた理想選挙の結実であった。

ことの始まりは、前年八月十三日、東京では珍しい蟬しぐれが夏の終わりを告げるけだるい午後、私は熊本からの使者の訪問を受けた。「ふるさと熊本で、来年の参議院選挙に立候補してほしい」……初対面の挨拶もそこそこに、県総評事務局長・福島将美氏、県教組委員長・上村文男氏は率直に切り出された。両氏のお話によれば「熊本は今、全国一の自民党の金城湯池、衆議院は定数十名のうち七名が自民、参議院に於ては昭和五十二年以来自民党が四議席独占、自民でなければ声が出せない。一議席を取ってほしい」とのこと。

まさに降って湧いた話であったが「非核熊本県宣言」要請に集まった三十六万五千六百九十六人の署名請願が県議会で一蹴されたという熊本県政の状況が強く私の胸に残った。その夏、分裂の危機に見舞われた原水禁世界大会の統一を辛うじて果たしたものの、不毛の議論の中で費したエネルギーが果たしてこれからの平和運動に生かされるのか——との深刻な想いの中にいたからであろうか。

熊本は私にとって懐しい父祖の地。特に戦中は反戦で時代の波に抗し、敗戦後第一回の参院選挙で熊本県民の多くの支持を得て全国区で当選を果たしながら、一年でこの世を去った父佐々弘雄のおもかげが重なるところ。こみあげるものがあったが「地盤、看板、カバン」の物言う名にし負う熊本選挙区で、福岡生まれ・東京育ちの紀平てい子が受け入れられるとは到底考えられなかった。ましてや婦人有権者同盟会長として全国的な婦人・市民運動の責任を持ち、同盟創立四十周年記念事業をその年十一月三日に控えた私には、お引き受けできる役割でもなかった。

しかし一方、一九五三年（昭和二十八年）から市川房枝先生とともに理想選挙を実践してきた東京や地方の同志は、春以来、理想選挙で婦人の政治参加を実現するために、市川後継選挙を戦うべし、との動きが進められていた時期でもあった。

■熊本県民の正義を信じ立候補を決意

私の決意はなかなかつかず、秋が過ぎ冬を迎えた。この間、同志たちの間では、熊本での理想選挙の実践が真剣に話しあわれ、かたや福島氏の要請は一直線に継続された。年を越した一九八六年一月三十一日、私と同志は「福島氏の誠意を信じ、熊本県民の正義を信じます」として、理想選挙・無所属を貫くとの立場で立候補を内諾した。勝利への保証はどこにも無い、けれど後へは退けない、やらなければならない、こんな心情であった。二十代の初めに市川房枝先生に従《っ》いて以来三十数年、婦人参政権運動一筋であった。婦選行使四十周年を迎えながら婦人の希いは政治に反映しているのだろうか。中曽根政治は戦後政治の総決算を打ち出し、防衛費ＧＮＰ一％の枠をはずし、国家秘密法の提案など戦前回帰の危険と国民の不安を増大させ、弱者切り捨て、福祉、環境、婦人問題への対応を怠っている。定数是正、政治資金規正法改正など、四半世紀に亘る私たちの市民運動の成果は、今日何ほどの前進があっただろうか。今はもう私自身が政策決定の場で、より具体的な政治参加を果たす責任がある……。

まさに背水の陣の思いだった。

選挙の基本方針は、

一、革新の議席を増やし、平和と民主主義を確立する。

二、市民運動・婦人運動の一環として、反核・平和・婦人の地位向上を目ざす。

三、理想選挙を実践する。

四、婦人の政治参加を実現する。

の四点であった。

■「今日からあしたへ手をつなぐ県民の会」発足

二月十五日、熊本県の支持者の方々と共に県庁記者クラブで一時間余にわたる会見、正式に立候補声明。同月二十六日には東京で「紀平てい子を参議院に推し出す会」が発足、全国的な支援を熊本に送ることとなった。三月十二日には選挙母体「今日からあしたへ手をつなぐ県民の会」が、県立劇場に四百三十人の参加者を得て発会、三か月後に控えた参議院選挙への準備にスタートを切った。

県民の会は代表に嵯峨一郎、河上洋子の両氏を据え、熊本市桜町に事務所を設置、イメージカラーはオレンジ、キャッチフレーズは「あなたを信じます」、イメージソングも作られ、オレンジ色のゴミ袋、Tシャツの作製販売など、全て会員・支持者の創意工夫だった。資金はカンパ帳により、組織は、有識者・活動者による百人委員会を中心に拡大するとの計画。

マスコミは「都市型のイメージ選挙が熊本で展開」などと華やかに取り上げ、一見ラッキーな出発に見えたが、保守陣営は「落下傘降下して来た見知らぬ女」「市川房枝ほどの知名度もなく中山千夏ほどの若さもない」などと酷評、事実としても熊本での理想選挙は暗いトンネルの中にあった。

第一には知名度の不足、第二に理想選挙に対する拒絶反応であり、私がまずしなければならないことは、一人でも多くの熊本の人々に接し理解を深める、地を這う行動であった。

■「歩く紀平」に少しずつ温かい反応が

私の旅は、三月の半ばに北の荒尾から出発、南は水俣までの九十八市町村をめぐり、推薦を決定している地区労・単産の全ての職場及び地域の人と面接、支持者との対話に明け暮れた。導き手は、地区労、単産の活動家と市民、運転の寺崎青年と、河村秘書、同行三人の巡礼だった。県庁・市役所・町役場など各課から運転手控室・食堂・調理室まで入れると多いところでは一か所で二百以上の部屋があり、市立病院などの階段を四、五階までのぼるとき、気が遠くなるほどの道程《みちのり》を実感した。革靴を二足はきつぶし、月星《つきほし》製靴の労組の好意で贈られた赤いスニーカーが「歩く紀平」の伴侶となり、四月末までにこの強行スケジュールを一通り済まし、二回目の旅に入る頃、労働組合、地域の人々に理想選挙とは〝暮らしと政治の直結のために有権者が自発的に汗を流し、自らの権利を獲得することである〟との理解がやっと芽ばえはじめ、必死で訴える私の声にも温かい反応が感じられるようになった。

特に強く感じたことは、職場や地域での女性の目である。それは控え目ではあるが明らかに「あなたを支持します」と語りかけていた。県民の会、労働組合の女性、男性による集会、街頭キャンペーンが紀平バックアップのため熱心に、かつ立て続けに開催された。四月一日の男女雇用機会均等法施行にちなむ女性労働者の集会とデモ、四月十二日婦選行使の日にちなむキャンペーンと講演会、県評婦人部主催の各種会合、二十六日紀平てい子を励ます労働者の集い、そして五月二十四日の「江津湖フェスティバル」では野菜の直売、手づくり製品販売、歌と踊り、馬や山羊、兎までが登場し、家族連れの子供達を喜ばせ、私も慣れない乗馬を楽しんだ。

五月末から六月へ、まさに『理想選挙・県民の祭り』は最高に盛り上がった。佐々家の親戚の超党派でのバックアップも地道に支持を拡げた。

■ミニ集会や辻説法で説き続ける

職場などの対話集会と並行して行なったのがミニ集会。運動の低迷の頃、ある女性支持者が自宅で近所の友人たちを招いて私のため開いたのがその始まりであるが、生活と政治のつながりを深く考える機会のない主婦が話し合ううちに砂に水がしみるように政治に関心を持つことに感動し、新たな運動パターンが開眼した。五月以降は最少三人から最大三百五十人のミニ集会を約二百回持ち、さきの地域・職場などの対話集会と合わせて九百回を上回り、徹底した理想選挙の浸透をみた。

集会での話のなかみは婦人問題・福祉・農業・労働・環境・食品公害、そして政治浄化から定数までさまざまだが、婦人層、労働組合の人々や社会党、及び議員まで、持てる力を振り絞った協力態勢であった。

私は政見放送、公報、新聞広告、ハガキ等で訴える十の政策と三つの誓い（別記）を策定したが、これらはみな巡礼する中で地域や職場の熊本の人々の生活や病床の声を聞き我が心とした内容である。

六月十八日、公示。選挙運動開始。徹底した辻説法を一日五、六十回。街頭での反応は雨の日も炎暑の日も恐しい程であった。窓が開き戸口から飛び出しての声援。特にお年寄り、女性の支持は、確実な手応えを感じさせた。東京から中村紀伊、田中里子、緒方貞子、永畑道子、小池順子氏ら友人・先輩の熱い応援も得、夜は夜で、個人演説会が三回から五、六回毎日リレー式に開かれ、豪雨と酷暑のないまぜられた熊本の梅雨の中で戦い抜いた。

桜町の事務所には連日女性を中心とした四、五十人のボランティアの方々がハガキ書き、電話掛け等で奮闘された。私にとっては実質百二十日の運動、三十七年間、婦人・市民運動で学んだ全ての力を出しきった悔いのない選挙、まだまだ闘えるとの余力を残した十八日間だった。

■惜敗――理想選挙の種子は蒔かれた

七月六日投票、七日開票。郡・市の開票が全て終わり、二位の守住氏と二万余の差で大票田・熊本市の開票に入ったとき、郡部では完敗といわれた紀平票が意外な伸びをみせ、一瞬、熊本市が予想通りであれば支持者の期待に副える――と、選挙事務所で心踊る思いであった。落選が決定的になった時、共に歩き、走り、語りぬいた地区労はじめ地域の支持者たちの黙々とした血のにじむような運動を身近に感じ、悲しみの中にも、こみ上げる感動と感謝の念でいっぱいだった。

この瞬間、この理想選挙で蒔かれた種子が熊本に根付き、この選挙を機会に女性が政治を身近なものとして参加するよすがとなればと祈り、かつ行動を共にして行きたいと決意した。

<1986年のちらしから転載>

選挙期間中法定ビラ等で訴えた
紀平さんの政策と誓い

紀平さんの3つの誓い

1. 県民の声を真摯に聞き、国政に反映させるしくみをつくります。
2. 議会の動静、および私の議員活動を定期的に県民のみなさまに報告します。
3. 資産公開をし、清潔な政治姿勢を貫きます。

熊本から日本を変える10の約束

1. 政治浄化のため、政治倫理法の制定を推進します。
2. 命を育む母性の総合的保障制度確立をすすめます。
3. 農業・酪農・畜産・林業・漁業にたずさわる方の生活安定を図ります。
4. 人間性と調和した地域産業の育成振興をはたします。
5. 臨調行革路線に反対し、税の不公平を正し、労働時間の短縮など豊かな地域社会を建設します。
6. 年金・健康管理を軸にした老幼を通じての社会保障制度を実現します。
7. 体の不自由な人のための環境を整備し、あらゆる差別をなくします。
8. 環境汚染を防止し、公害被害者の救済制度を充実させます。
9. 命を大切にし、心豊かな児童を育てる教育制度をつくります。
10. 核兵器を廃絶し、戦争の惨禍を繰り返さない平和外交をすすめます。

二、一九八九年夏・一票一揆——理想選挙で勝つ

■三年目の夏の陣で完勝！

一九八九年（平成一年）七月二十三日（日）朝、熊本は小峯の墓地にまいり、祖父佐々友房、父佐々弘雄、そして三年前、落選の秋に逝った母縫子、兄克明の墓前にたたずむ。三年前、敗北したあの参議院選挙以来、こんな静かな刻《とき》が一日としてあったろうか。激しい雨に打たれて終わった昨夜の選挙戦最終日を思いながら慶徳小学校の投票場で、自分自身に祈りをこめた「一票」を投じた。東京から駆けつけた松浦三知子氏、阿曽のぶ子氏、熊本での同志・助村郁子氏、父の従兄佐々貞一氏がおつきあい下さった。

今回は即日開票。一九八六年から八九年へ、第十五回参議院熊本選挙区選挙に賭けた理想選挙の勝敗は今夜に決定する——けれど不思議なほど平静だった。今度こそは、やれるだけの事はやったのだから。

午後七時、県総評のある労働会館大ホールには、熊本県の全報道陣が溢れていた。「今日からあしたへ手をつなぐ県民の会」のメンバー、県総評、社会党の幹部の方々が勢揃い、立錐の余地もない。息がつまる緊張の中で次々とテレビ、新聞の事前インタビュー。午後

八時五十分、会場テレビが初めての開票速報を映し出した。九千票台、阿蘇の小国が開《あ》いた！　この地域で最強の自民党浦田候補を抑えて紀平トップ。その時NHKの画面が、突如「紀平当確」を打った。早すぎる。開票率はまだ〇％ではないか。

報道陣から怒号が飛んだ。「九時迄は当確うたない約束ではないか！」聞けばテレビ局同士のお互いの報道競争の中で、最初に当確を出した局が、当夜の進行役をとることになっていたとのこと。

私はいつの間にか舞台に押し上げられ〝バンザイ〟の渦の中にいた。県総評事務局長福島将美氏が痛いほどの握手を。女性が一人も身近にいないことに気づき、大声を出し舞台に上がってもらう。「トップ当選の感想を」とマイクが次々とつきつけられ、あとは各局のスタジオを廻り、廻ることになった。この日が終わるまで、否、次の朝刊を見るまで、私の知る得票数は九千票で〝止まり〟であった。最終結果は、三十三万二千六百九十九票。完全な勝利だった。勝利とはこんなものか、どうしてか涙は出ず、心は一点を見つめ続けていた。

この選挙は、あの三年前の、熊本で初めての理想選挙がなければ、無かった。その理想選挙は一九五三年の故市川房枝先生の「理想選挙」がなければ、あり得なかった。そして私が、四十年前、市川先生とお会いする事がなかったら……、この日は決してなかった。

■三年間、生活と政治を結ぶ草の根運動を続ける

十二年にわたる参院自民党独占区を破り、自民党公認二候補の落選という革命的な選挙結果で革新勝利となった、その底辺を支えたのは、三年前の七月二十六日、選挙敗戦直後に誕生した紀平の選挙母体「今日からあしたへ手をつなぐ県民の会」であった。

紀平に投じた二十八万熊本有権者の無言の支持を背景に、市民団体として発足した「県民の会」は、その規約に「熊本の政治をよくするため、理想選挙を普及し、紀平悌子を次回参院選に推し、理想選挙の実践と勝利を期す」と謳い、併せて「日常は市民、婦人の草の根運動でおこない、生活と政治の結びつきを啓発する」と目的をきめた。私はその後の三年間、従来からの婦人運動に加え、熊本の運動の輪の中に参加、会の維持運営も共におこないつつ、熊本〜東京を結ぶ活動に入った。運動は多岐にわたった。国鉄の民営分割にともない廃止の憂目にあうローカル線、湯の前線の存続運動、熊本の緑と水を守る運動では、熊本市の地下水汚染の未然防止のキャンペーンを張った。教育、福祉の面で、永畑道子氏を招き〝子育て論〟を語り合う集いも重ねた。無農薬農産物の大消費地への直売に努力し、市長選、統一地方選には、市長候補、県議、市議候補への公開質問、事務所訪問等を展開して、新聞紙上に「候補者の政見と素顔」を紹介した。四月十日には、婦人参政権

の意義を街頭キャンペーン、田中里子氏の参加、〝女性の生き方〟の学習会では、古典研究家水野破魔子氏、女性町議西岡ミチ子氏の講演を開き、明治から昭和へ、熊本の女性史を語りあう日も持った。

会費二千円の会員、県外賛助員も、やがて千五百名近くに発展していったが、経費はいつも苦しく、バザー、不用品交換、音楽会、映画会開催で、活動費、組織費を補うこともしばしばだった。特に「市川房枝八十七歳の青春」の上映を、各地区の労組や女性グループで取り上げて頂くことに力を注いだ。

一九八八年（昭和六十三年）七月十六日、県民の会第三回総会は、翌年にひかえた第十五回参議院選挙の熊本選挙区に、紀平悌子に再度、候補者推薦をおこない「即時立候補受諾」を求めた。席上、私は受諾し、記者発表により決意表明をおこなった。

■再び「県民の会」から推薦されて立候補

矢は再び放たれた。今度こそ、熊本に蒔き育ててきた「理想選挙」の種子を、熊本の有権者同志とともに、花咲かせなければならない。支持してくれた身障者やお年寄りの涙を、二度と見るようなことがあってはならない。

もうあとはない。まさにこれで退路は断たれたのだ。政局は自民党独裁の様相がますますつのり、前回ダブル選挙により自民党は衆議院に三百十議席の絶対多数、参議院に百四十三議席（一〇四国会招集時）を有し、政権は中曽根内閣から竹下内閣へ。大型間接税導入を核とする税制改革は、第一一三臨時国会に上程されることは必至、リクルート疑獄の端緒となった川崎市小松（元）助役の汚職が発覚、ロッキード、ダグラス、グラマン以後の大疑獄への幕があきつつあった。

　率直なところ、熊本での三年は、緊張と苦労の連続。市民・婦人運動の中から、ほんとうの「理想選挙」が生まれるのだろうか、「啓発運動」と「選挙運動」の性格の違い、けじめのつけ方で、どれほど悩んだことか。かつてなかった新しい選挙の試みが、熊本で受け入れられるのか、立候補を決意するまでには大いなるためらいと、このまま婦人運動で終わりたいとの願望が入り乱れた。「熊本から日本の政治を変える」ことが、政治を志す者の大義である事を自覚しつつも、熊本という屈指の保守基盤を知れば知るほど、前回にも増す選挙戦のきびしさに暗い思いが募るばかりだった。

　推薦母体である県民の会が坂本正事務局長のもと手さぐりで準備を進めるうちに、九月二十九日には県総評、十二月十八日に日本社会党が推薦、明けて一九八九年一月二十八日

紀平てい子の３つの誓い

1. 常に県民の声をきき、ともに考え国政に県民の声を反映させます。
2. 中央政治の実態・国会の動静・そして私の議員活動を定期的に県民・有権者のみなさまにご報告いたします。
3. 資産公開をし、利益に左右されない清潔な政治姿勢を貫きます。

に連合熊本の支持が決定、二十七日には、紀平てい子総合選対が発足した。今度は、時間の不足、知名度がないなどの逃げ道はない。「一票一揆、理想選挙で今度こそ」「あなたを信じます」のキャッチフレーズ、十一の政策と三つの誓い（別記）のもと、再び九十八市町村の人々との出会いの旅が始まった。ミニ集会三千回の目標をたて十一月から翌年二月までだけで走行距離三万キロ、三年間を通算すれば三十万人以上の人々と会ったろう苦しく長い行程だった。時には消費税反対、リクルート疑獄追及の青空演説会を熊本市中心に、後半四月以降は「一人辻立ち」を団地、住宅街、商店街で次々に行なった。七月五日公示の前日迄に熊本全県を二廻り半まわりおえていた。県内及び全国からの浄財カンパ二千六十五万七千六百四十円、選挙運動費用は法定選挙費用二千百八十一万七千七百円の約半額でまかなわれた。

■地道な理想選挙でトップ当選

十八日間全県を街頭演説で完全走破、熊本市桜町の県民の会事務所は連日四十人～五十人、延べ千人近くのボランティアによるハガキ書き、電話作戦、法定ビラの証紙はり、会報の発行、個々面接での票の拡大で終始にぎわった。

政治浄化、消費税、農業問題、女性の人権等、私自身の四十年間の婦人運動の集大成が全て争点となった参院選、革新に順風が吹き、マドンナブームといわれた選挙であったが、ここ熊本では、ひたすら人々の地道な理想選挙の実践と、それを支えた女性、労働者、社会党、市民の姿が私をとらえて放さない。

因みに、紀平票は前回の市部十七万四千七百三十七票が十九万八千百三十八票で二万三千四百一票の伸び、農村では八万九千五十五票が十一万三千百二十九票で二万四千七十四票増、漁村で一万四千四百四十五票から二万一千四百三十二票で六千九百八十七票の増であり、得票率は前回の二九％から三四％と躍進した。

自民党は前回六十四万三百十五票、六一・一三％から三十一万七千七百三十票、三〇・三三％に落ち込んだ。以上が熊本選挙区での理想選挙「'89夏の陣」の勝利であった。

私の政策〈一九八九年選挙の時のちらしから転載〉

1　リクルートなど腐蝕の構造にメスを入れ、政治浄化をはかります。

◆「政治資金規正法」を改正し企業献金を禁止、政治家の収支をガラス張りにします。

◆資産公開を中心とする「政治倫理法」を制定し、国会・政治家自らの民主的自浄作用を強化します。

◆「政治倫理審査会」の実効性をたかめます。

2　消費税撤廃・不公平税制の是正で、納得できる税体系を確立します。

◆能力に応じて税負担する総合累進課税制を進めます。

◆大企業を優遇する法人税、土地税制の抜本的な見直しをおこなっていきます。

3　いのちと生活の基盤である、農・林・漁業・森林・食糧を守ります。

◆市場原理と経済の合理性のみを最優先して、農民を犠牲にする自民党農政に絶対反対します。

◆米の自由化に反対し、生産者と消費者のコンセンサスを深め、安全な食糧、安定した農業をめざします。

4 地方の特性を活かした〝いきいき熊本づくり〟を推進します。

◆中央・大都市圏にかたよる臨調行革路線と低福祉政策を改めるため地方への財政面を中心とした権限委譲をすすめます。

◆「地方の時代」の実質化と過疎振興法など地方分権の実現に努めます。

5 福祉最優先で健康と安心の人生八十年対策をすすめます。

◆医療・年金・身障者対策を充実させ、生命を育む母性を社会的に保障するため労働・教育・福祉環境の各領域にわたる母性保障総合制度を確立し、高齢化社会に備えます。

◆六十五歳支給開始年齢引き上げの年金改悪に反対します。

6 命を尊重し、個性をひきだす、豊かな人間性教育をめざします。

◆未来の社会をになう若い世代のために、臨教審路線に反対し、学級定数の縮小など思いやりに溢れた教育をめざします。

7 女性の政治参加で、豊かで平和な社会の実現をめざします。

◆平等・平和・発展をめざす国際婦人年世界行動計画、女子差別撤廃条約の趣旨の実現のため労働・教育・福祉・家庭等の各分野での婦人政策の実現をはかります。

◆パート労働法、育児休業法など女性の職場進出に伴う制度的な保障に全力をあげます。

8 熊本の豊かな自然を守るために全力をあげます。

◆環境保全、水俣病患者の早期完全救済などに全力をつくします。

9 熊本の誇れる生きる証としての地域文化の創造に全力をあげます。

◆文化施設の拡充強化に全力をつくし、伝統的文化・文化財の保存につくします。

10 「核」や「貧困」「差別」からの解放をめざし、運動の先頭に立ちます。

◆核兵器をなくし、国民の意志に反する軍備拡大をやめさせます。

◆原発の安全性を徹底して追及します。

◆人間の尊厳をそこなう差別をなくすため、部落解放基本法制定につくします。

11 政治への信頼回復をめざし、参議院制度の改革に努めます。

◆第二院本来の慎重審議、少数意見の尊重など国民各層の意見をとり入れる場としての機能を回復させます。

執筆者＝参議院議員、理想選挙推進市民の会啓発と運動幹事

今日からあしたへ手をつなぐ県民の会会計報告書

収支計算書（1986.2.15〜1986.8.31）

収入		
カンパ	25,221,544	
事務所開き祝金	194,000	
はげます会益金	1,272,695	
合計	**26,688,239円**	
支出		
選挙運動費	5,430,169	別表（5,500,000－69,831）
人件費	932,500	アルバイト、運転者日当、他
家屋－事務所費	2,362,825	事務所、什器備品リース代、他
〃－集会費	579,657	発会式外諸集会
通信費	1,601,079	郵便、電話料、宅配便代
交通費	741,562	タクシー代、ガソリン代、他
印刷代	3,307,505	リーフ、チケット、パンフ、他
広告費	2,020,300	選挙車、看板代、スライド、他
文具費	124,118	事務用品代
食糧費	52,375	オルグ中の食事
休泊費	966,275	遊説中の宿泊料、他
雑費	466,662	新聞、テレビ、遊説準備品
行動費	4,996,430	東京往復旅費及び県内行動費、他
会議費	594,513	代表世話人会外諸打合会
渉外費	169,990	東京からの応援者、来客宿泊費等
県民の会発足準備費	232,724	代表世話人会準備費
合計	**24,578,684円**	
次期繰越金	2,109,555	新県民の会事務所開設、報告集出版費用の一部
合計	**26,688,239円**	

1986年7月6日執行参議院熊本選挙区通常選挙

紀平てい子選挙費用収支報告書

（7月18日届）
法定選挙費用　21,649,000円
当会計支出額　7,023,705円
（32.4%）

収　入

手をつなぐ県民の会より寄付	5,500,000	カンパの中から支出
公　費　分	1,593,536	
合　計	**7,093,536円**	

支　出

人　件　費	549,000	アルバイト1名、マイク嬢3名
家屋費－事務所費	747,000	県民の会及び八代を日割借用
家屋費－集会費	5,000	個人演説会（私営）
通　信　費	629,060	切手代
交　通　費	276,520	タクシー代、ガソリン代
印　刷　費	2,890,000	ポスター、ビラ、ハガキなど
広　告　費	963,000	選挙車一式及び事務所看板代
文　具　費	83,528	事務用品代、封筒代
食　糧　費	33,240	遊説中の昼食代
休　泊　費	667,897	地方遊説時の宿泊費
雑　費	179,460	マイク嬢服装・雨具外
合　計	**7,023,705円**	

差引残高　**69,831円**　県民の会へ戻入

4・感想 私と理想選挙

感想

私の理想選挙実践記

（伊東市）　池田拓朗

昭和四十九年、私は東京都下、町田市議選挙に、市川房枝先生のご推薦をいただいて、理想選挙方式によって立候補した。

町田市内の団地に住んでいて、住宅管理組合理事長という仕事を三年間やっていたので、団地住民の方々と知り合いができ、既成政党のあり方に不満を持っている人がかなり多いことが分かった。

政党の場合は、ありとあらゆる手段を使って何が何でも当選しなければならないのだが、理想選挙では、市川先生のお考えで現行法規を正直に遵守するので、当選率はかならずしもよくなかった。

「戸別訪問でお願いに来ないのは池田さんだけだ」という非難が聞こえて来た。日本人の投票心理は不思議なもので、投票の直前にだけペコペコと頭を下げる候補者でないと、清き一票（「お札」）を投ずる気分になれないものらしい。

団地内の日常活動自体が主婦中心になるが、私の理想選挙でも女性の方が中心になった。男性は勤務先の会社・組合の方針によって政党が決定されてしまう。女性の方が理想主義的に考えることができる。

現在の日本の選挙（したがって政治）は、つまるところ金で動いているが、将来は金権政治は亡びる。理想選挙は現ナマを求める人には向いていないが、未来を信ずる人によって挑戦していただきたい。

武蔵野激戦区で
選挙はがきにこめた情熱

（小金井市）　伊藤　智恵子

小池順子さんが立候補した、昭和四十八年の都議選を思い起こします。武蔵野市は一人区の激戦地で、強力な候補者がいましたから、初めから非常にむずかしい選挙であることは分かっておりました。

けれど、当落は別にして、理想選挙という大きな目的のために賛同する大勢の人たちが、何かの役割をもって働きました。市川先生は、応援演説の合間に、事務所の隅の机に向かって、選挙用はがきに一枚一枚「市川房枝」と推薦の署名をなさいました。

いつの選挙でも、一枚のはがきが無駄にならないで有権者に届くために、住所・氏名・郵便番号は正確に記し、少しでも疑問のあるものは皆で調べ、できるかぎりの手だてをつくして発送するということをしましたが、市川先生が丁寧に署名されたはがきは、電話帳で確認することもして、この一枚一枚のはがきが相手の方の手に、しっかり握られるよう念じました。

選挙用はがきに、丁寧こまやかな、大事な作業の力をつくせるのも、市川先生の熱意と、理想選挙を貫く皆の意志が、大勢の仲間の手弁当の結果になったからだと、いつも思いました。

この選挙は負けましたが、なりふりかまわない金権選挙の中で敗れはしても、国文学者の高木市之助氏が当時「小池順子さんのさわやか選挙」と絶賛したように、汚ない政治風土の中で、私たちが原理・原則をしっかり踏まえた、この理想選挙の灯を絶やしてはならぬと思っています。

ポスター貼りを通じて理想選挙を

（北九州市）大橋　憲太郎

理想選挙は市川先生の卓見でした。私は第一回（昭和二十八年）の選挙以来お手伝いさせていただきました。初め、わずかな同志で先生を推し出すための相談会が持たれました。これが市川房枝推薦会の結成となり、ここで初めて理想選挙の幕あけとなったわけです。

私はポスター掲示を担当することになりました。当時は公営掲示場でなく所有者の許しさえあればどこにでも自由に掲示することが出来ました。が、何せ広い東京です。何の組織ももたない極めて弱体な市川選対（選挙対策本部）にとっては、これがまた大変なことでした。わずかな人員でこつこつと足でかせぐ非能率で苦闘の連続でした。でも推し出す人のためならという自負がありました。これはおそらくこの選挙にたずさわった方々に共通のものであったと思います。私がかつて経験した選挙と思いあわせて、これこそが選挙のあるべき真の姿だと思い知らされたことでした。

当時理想選挙は市川さんだから出来るのだとよく耳にいたしました。そして今でもそれを耳にすることがあります。残念なことです。これこそ有権者の政治意識の未成熟さを物語るものではないでしょうか。選挙は民主政治の根幹です。心ない選挙で選ばれた政治家集団によって国政が歪められているとしたらどうでしょう。改めて一票の重みを考えずにはいられません。

カンパで同志を送り出す

（須賀川市）笠　原　美　称

昭和四十二年、蓬田ヨウ推薦会の日のことでした。再度はるばるお越し下さった市川先生を駅にお送りする車の中で、私はおそるおそる、でも思い切って先生にお訊ね

私と理想選挙

しました。

「公明選挙で費用は候補者が出してはどうでしょうか」先生は即座に静かにお答えになりました。「公明選挙でやれば負けますよ」と。

「金も票もよこせとは呆れたもんだ」「金は出すが票は別だ」等々、推薦会員を苛立たせ、候補者を当惑させる言葉が次々に飛び込んできます。しかし確信に満ちた先生のお言葉は私達の迷いを払拭しました。

前後三回の実践を体験して確信をもって言えることは、理想選挙におけるカンパ活動こそ、そのまま選挙運動のエネルギーになるのだということです。勿論、立ち上がった時点で、ある程度の備蓄は便利で助かります。しかし理想選挙のためとはいえ、豊かすぎる備えは却って戦力を低下させるのではないかと思いました。

推す側と推される側の政治運営

（東京都北区）　蔵　前　仁　一

自宅にもうけた「かけこみ寺」への相談ごとは日に十件を数えることがある。教育・福祉・都区政の問題から法律相談など、その内容は広範多岐にわたっていて、解決困難なケースも少なくない。行政が八時間福祉なら、私たちの奉仕活動は二十四時間態勢である。

かけこみ寺は建築後六十年経過した古い家を新築、地域の小集会場として社会教育や福祉活動に無償で開放したのが、二回目の理想選挙を勝利した翌年の秋だった。スペースは六畳間三つと狭いものだが、それでもわが家の建坪の約四〇%は占有している。当地は長い間保守基盤に支配されてきた土地柄だけに、金権体質が一部の間に底流していて、何をやるにもお金優先である。従って金をかけない選挙運動とか、無償開放とか、手弁当の奉仕活動などは、意外で不思議なこととしてなかなか理解してもらえなかったものだ。

議会においては現在のところ志を同じくする友が見当たらないため、一匹狼といわれながらも十年を経過した。党利や支援組織の代弁者とは違って常に筋を通した活動が出来ることは強味である。私は五十年四月の区議選以来理想選挙方式で闘ってきたが、選挙運動は出す側の主体性で、議会活動や地域活動は私の責任で、とその領域を割り切って住民に奉仕している。

キレイな選挙への点火者

（川崎市）　田邊定義

日本が占領軍の政治支配から脱したのを

感　想

きっかけに、昭和二十七年六月、民間組織の公明選挙啓発運動が起こり、全国的規模のものになった。運動の初期に、模範選挙の実例として部落会や研修会などで、頻繁に引き合いに出されたものが二つある。

一つは二十七年、長崎県諫早市の市長選挙で野村儀平氏が実践したもの（公明選挙第一号といわれた）であり、もう一つは二十八年、参院選に立った市川房枝さんの、いわゆる理想選挙（この語はすでに一定の内容をもって定着している）であった。両選挙とも立派に実を結び、続いて初回そのままの選挙運動内容で野村氏は二回当選、市川さんは通算四半世紀間の議員活動で大きな足跡を残された。

この両者の選挙の理念と選挙運動の態様は、まったく同じであった。「選挙される者は重い責任を背負わされた公人である。選ばれんがために、いささかも自己の良心を裏切ってはならない」

これが両者の選挙信条であり、成敗を度外視しての実践であった。

公明選挙・理想選挙を死語にしたのでは、健全な民主政治の実現は絶対に望み得ないことを真剣に考えよう。

歴史的な最初の理想選挙に参加して

（東京都中野区）鶴田勝子

昭和二十八年の日本婦人有権者同盟渋谷支部の新年会で、有権者同盟が政治啓蒙に徹する以上、市川先生にお願いして、直接代表として送り出すことによって国会の中から見た批判と報告を受けて、啓蒙活動を徹底させるべきではないかとの意見が出て、たちまち結束した。三十数支部（地方）に手書きの檄をとばし、賛同を得、本部常任委員会で賛否両論でもめたあと、ようやく決定し総立ちの形勢となった。

しかし有権者同盟の規約では推薦応援はできないので、直ちに別個の推薦会を結成。「東京地区参議院議員候補者・市川房枝運動員心得」を作成。法律では許されていても市民にめいわくのかかる騒音や、ペコペコ頭を下げるお願いはしない、推薦者が労力と選挙費用を持ち寄って〝出てほしい人〟のために最大の努力をする、と約束した。

この時、私と伊藤輝子さんは、万が一、市川先生を落選させたら、両家とも田舎に引っ込む決意を固く話し合った。

推薦会の面々は選挙に関しては全くの素人だが手探りで、立候補届から、ラジオによる政見放送、立会演説会、選挙公報による政策発表など、諸手続きを全部完了。そして推薦者のできる運動、つまり個々面接をしたが、これが大変だった。電車の吊革にぶら下がって、わざと声高に市川先生の話をする。市場で、道端で、パーマ屋さんで、お風呂屋で、酒屋の御用聞きにまで、説明と協力を頼んだ。

また「推薦人にできる運動・できない運動」をガリ版刷りにし、会員一人一人に推薦会から絶えず配った。法定のポスター貼り、妨害された後始末、選挙後のポスターはがし、糊バケツをぶら下げて、ビラを抱えて、幾度青梅街道をテクテクと歩いたことだろう。

感想

候補者は一日一度、婦選会館の中においた事務所をのぞくだけ。トラックは使わず、選挙費用は十七万六千八百十四円。推薦する人々の総意と身も心もふりしぼった努力、行動。一つの目的に向かって心を一つにまとめた力が、ついに理想選挙を勝ち取ることができたのである。

勝利の日の夕食はウナギだと主張した人もいたが、伊藤さんが絶対反対をとなえ、連日食べたタヌキで打ち上げとしたのも思い出の一つである。現在の選挙戦の莫大なる費用、ぬけぬけと違反する候補者、及び運動員が現存するかぎり、理想選挙推進の手をゆるめることはできない。

一九八〇年六月の理想選挙

（名古屋市）　長　沼　てる子

「真の理想選挙は？」と問われれば即座に「市川先生の選挙です」と私はお答えします。過去何回か、先生の選挙に私なりにお手伝いしてきましたが、一九八〇年六月二十二日に施行された衆参ダブル選挙での運動は、あれこそが理想選挙の真骨頂であったと申せましょう。

全国区ではポスター一枚も貼られない先生。それまでは誰かが先生を無理に推薦して議会にお送りしました。今回も多勢から強い要望を受けられた先生は、慎重を期して主治医の診断を受け「六年間は太鼓判をおす」との言葉に立候補を決意されたのでした。

私は夜を徹して四百枚のハガキを知人たちに書いて送りました。名古屋市中心街での先生の演説会には、知人の多数が集まりました。先生も予定の二十分を遥かに超える四十分間も余裕綽々と話されましたので、付き添って来た山口みつ子氏（婦選会館事務局長）もびっくりの様子でした。外宣に行かれた先々でも同様だったろうと想像され、その結果が約三百万票得票の第一位当選！　これこそが理想選挙の最たるものだと確信しました。

それは古本屋から始まった

（東京都世田谷区）　永畑恭典

私が市川先生に初めてお目にかかったのは、昭和四十年の六月頃に行なわれた参院選の途中の時期であった。その頃、私は国分寺に住んでいて、平凡社で『東洋文庫』の編集にたずさわっていた。その関係で自由のいえる古本屋が必要で、国分寺書店の村上澪さんや石原千代さんに、勝手をいっては古本を手に入れていた。そんなある日、村上のおばさん（ゴメンナサイ）から「永畑さん、あなたは政党に関係があるの？」と聞かれた。「いいえ」と答えたら、「市川先生の応援をしてくれない？」といわれた。

二、三日後、雨の降る夜、木造の国分寺第一小学校の講堂で、法政一高の安光先生、作家の山本和夫先生、それに私という三人の応援弁士で、先生の演説会をやった。お客は二十人くらいだった。そして、弁士はみんな古本屋のお客であった。

それから一週間くらい、会社を休んで八王子から荻窪まで、中央線の青空演説会に参加した。地元のオバサンたちと、昼飯だけを市川先生とご一緒しながら、車も使わず、電車で駅から駅を移動した。

その二年後「明るい革新都政を作る会」がでてきた。私は市川先生にいわれて、政策の文案を作ったり、選挙用のポスターやハガキのレイアウトをしたりして、お手伝いすることになったのであった。

議員立候補者に質問状を

（東京都世田谷区）　平岩ゆき子

出たい人より出したい人。法定選挙費用は有権者が負担する。この市川先生の理想選挙には、これに比べるとあまり普及していませんが、もう一つの柱があります。それは、立候補者に往復ハガキで質問し、回答を投票の参考にする。当選後も折にふれ意見をただす。国民はつねに議員という凧のヒモを、しっかり握っていようという主張です。

私は昭和三十五年からこれを実行しましたが、候補者の真意が意外なほどよく分かります。他人に書かせたか、自分か。質問事項に真剣に取り組むつもりか、腹を立てながら仕方なくやるとウソを言っているか。彼らの政治的な立場もさりながら、性格まで察知できます。

立会演説会などの質問には、それらしく答えてくれても、聞き流されてしまうことが多いのですが、地元の選挙民に応えた文

感想

書は、たとえハガキでも公約の証拠となりますから、質問の握りつぶしをされないように、私たち有権者側でも心掛けたいと思います。

この方法がもっと広く世に知られ、実行されるようになれば、議員に対しても非常に心理的な圧力を生むと思え〝出たい人より出したい人〟による政治家の質の向上によい方法でしょう。政治を真に国民のものにすることができるのではないかと私は思っています。

質素・手弁当の地方選挙だった

（東京都港区） 森下文一郎

昭和二十六年の統一地方選挙に、私は全く思いがけないことに港区議会議員の候補者に推薦された。坂下の都道を隔てた酒屋さん、小工場主等が既に議員をやり、再び立候補が定まっていた。坂上の一帯の住宅地からは立候補者がなく、比較的暇があり、ここで生まれた私に白羽の矢が立てられたわけであった。私は「選挙に費やすお金がある位ならば、空襲で失った書籍でも買うよ」と断わったのだが、結局、運動費の一割位を負担した記憶がある。

私のようなやり方の人間はいなかった地方議会で、私ひとり純粋の無所属議員だったが、それでも国会とは異なり、自分の意見が言えるだけは救いであった。

三年目に参議院議員選挙があり、たまたま参議院無所属クラブの事務局長の竹内吾郎君から市川先生に引き合わされ、先生の選挙のお手伝いを片隅でやり、理想選挙がどんなものかを識った。

私の第二回の選挙からは市川先生をはじめ紀平悌子さん、山口みつ子さん等が私の推薦者の啓蒙、教育をされ、いつの間にか五期を、この無愛想な人間が毎回二〇%位ずつ票の増える選挙ができた。

私の体験から候補者の条件を言えば、当落を問題にしない人、質素な生活に堪える人、いやがる人でも推す。あとは推薦者の中に手弁当で活動できる人が一人でも多くいるか、いないかである。

市川先生のご指導で
教育委員にトップ当選

（郡山市）湯浅音枝

昭和二十七年秋十月、初の郡山市教育委の選挙が公選で行なわれました。出る意志のなかった私を、婦人有権者同盟支部を中心にした有志の人々が推薦委員会をつくり、

感想

強力に着々と準備を進められ、遂にお断わりしきれなくなり立候補いたしました。

私が手がけたことといえば、街頭演説、立会演説会の原稿づくりぐらいのもので、事務所の開設、事務書類の作成届出、協力者の配置、手段、運動期間中の車と賄い等等、すべて委員方の熱意と協力によって運ばれました。ある選挙通の人は言ったそうです。トップか、最下位だな、と。

開けてみて驚きました。当選！　それも二位の倍も票が入ったトップでした。その頃まだ「理想選挙」の語は社会的に使われていませんでしたが、日頃の市川房枝先生の御意志と御指導が、人々をかく動かし得たことをおもい、感謝とよろこびに堪えません。

その後二度、郡山市議選に「理想選挙」の旗を高く掲げて推薦運動いたしましたが、一度は成功、一度は諸々の事情もあって憂き目を見ました。自分の選挙の時が一番苦労なしで過ごせたことを申しわけなく思っております。

最近の公職選挙法改正には、多くの疑問があります。全国区に比例代表制の導入。そして定数のアンバランスな点。言葉もありません。今こそ「理想選挙」の普及と運動が必要だと実感させられます。

さわやかな市川先生と若者のふれあい

（川越市）吉増政子

熊本空港の食堂。市川先生を囲んでの食事中。二つ三つ離れたテーブルで、同じく食事中の若者のグループが、ちらり、ちらりとこっちを意識しているのを感じていたが、ほどなく、その中の二人が、いつの間にどこで仕入れたのか、色紙を先生に差し出し、サインを求めた。

ちょっと躊躇された先生は、「仕方がないや」といった感じで「一九七九年、於熊本空港　市川房枝」と書かれた。何の粉飾もない必要最低限といえるこれらの文字が、先生の手によって色紙の上に並ぶと無上に美しく、ぴしりときまる。

若者は二枚目を差し出した。先生は激しく、手と首を横に振られた。若者の手にはまだ四、五枚の色紙が残っていたが、おそらくグループの人数分であろうか、でも素直にあきらめた。きざな言葉や、ご自分とはおよそ縁のない美辞麗句などを飾りつけて、手にまめができるほど喜んでサインする、センセイガタ、との違い。

さわやかな若者の態度。

ここにこそ理想選挙の被選挙人と有権者との理想像がある。

私と理想選挙　††††††††††††††††††††††††††††

5・現代日本の政治状況と理想選挙の意義

佐竹　寛

一、はじめに……問題の状況

理想選挙ということばは、現代の社会的風潮のなかでは、なにか現実ばなれした理想主義や道徳主義めいてピンとこないという見方もあるようです。しかし、理想選挙の運動は決してそのような浮世ばなれの非現実的運動ではありません。それどころか、この運動はわが国の民主主義が金権政治や全体主義政治などに毒されないために、欠くことのできない大切な運動であると思います。

現在の日本は、経済が繁栄し政治も相対的に安定しており、生活もゆたかであるなど、表層的には大変結構ずくめのようにみえなくもありません。しかしその反面ちょっと考えてみただけでも、経済先行型社会がうみだしてきたさまざまな矛盾があります。また同一権力の永続きによる構造的矛盾や、さらにはさまざまな人権侵害事件など、決して手放しで楽観できない憂慮すべき側面もみられます。

このような現代の状況のなかで、わたしたちは、わたしたちの子孫をふくめ、より平和に人間らしく生きていけるためにしなければならないことがあります。それは、まず、わたしたちを取り巻いている社会状況をよく認識し、そのなかでわたしたちが肯定すべきものと是正すべきものとをよく見きわめることです。そうすることによって、わたしたちが今なにをなすべきかが見えてくるのではないでしょうか。

このような意味において、ここでは、第一に、戦後日本の政治はどのようであったのか、そして、それがその後どのように変化していったのかについて検討し、第二に、民主主義というものは、本来どのようなあり方がのぞましいのかについて確かめ、第三に、それでは現在の日本の政治状況は、民主政治の角度からみてどのような問題が介在しているのかについて考察してみたいと思います。

そしてこれらの検討によって、わたしたちがわが国の民主政治の発展のために何をなすべきかが明確化してくることになるでしょう。その結果、理想選挙の運動が決して観念的道徳運動ではなく、わが国の健全な民主政治をつくりあげるためのきわめて基本的かつ現実的な運動であることが確認されるでありましょう。

二、戦後日本の民主政治とその変貌《うつりかわり》

現代日本の政治状況のなかで、なぜ理想選挙のような運動が必要なのでしょうか。それは現実政治のなかに民主政治をそこなう見逃すわけにはいかない要素があるからです。そして、そのような問題点が実は戦後政治の変貌過程のなかに原因があるとすれば、わたしたちは、まず戦後日本の政治の特質から始めるのが妥当であると思われます。

日本国の戦後は、一九四五年八月十五日の敗戦の日から始まりました。徳川幕府の鎖国時代をへて、明治政府の富国強兵政策のもとで世界五大強国にまでのし上がった大日本帝国は、敗戦とともに明治憲法から日本国憲法にきりかわり、議会制民主主義国家に衣替えしました。当時の占領軍総司令官マッカーサー元帥は、「日本は東洋のスイスたれ」といいましたが、事実、軍国主義的要素は一掃され、財閥も解体、農地解放、婦人参政、教育改革など徹底した民主化政策が展開されました。

この戦後民主主義の具体的目標は、日本国憲法の平和主義・国民主権主義・基本的人権主義の三本の柱によって明確に示されたといえます。

ところが、一九四九年十月に中華人民共和国が成立、翌年六月に朝鮮戦争が勃発、さらに第二次世界大戦中は同盟国であった米・ソが原爆スパイ問題（五一年三月、ローゼンバーグ夫妻死刑）などをめぐって、いわゆる冷戦状態に入ります。このような国際政治の状勢の急変にともなって、当然の帰結として、アメリカの反共的軍事的戦略構想が強化され、それにともない日本に対するアメリカの政策にも変更が加えられるようになりました。その象徴的な出来事が、一九五一年九月のいわゆるサンフランシスコ片面条約（平和条約・日米安全保障条約）の調印でした。平和条約というものは、本来当事国全部が参加して調印されるべきであるのに、この平和条約においては重要な当事国であるソ連抜きという、いわばアメリカの国益ないしアメリカの軍事戦略の立場からの、アメリカ主導型平和条約と性格づけられるようなものでした。

この条約締結によって日本の民主政治は大転換を迫られることになります。かつて「日本は東洋のスイスたれ」といったマッカサー元帥が一九五一年の年頭の辞で「日本は再武装の必要がある」と述べたところに、アメリカの対日政策の大転換が端的に示されています。そして、同年六月から旧大日本帝国の指導者たちの追放が続々と解除されます。また翌五二年八月には、警察予備隊と海上警備隊とが統合され、現在の防衛庁の前身である保安庁が新設されることになりました。

このような転換は、戦後民主主義政治が二つの点において性格的変化を受けたことを意味しております。第一は、日本は第二次大戦の敗戦国であるがゆえに、アメリカの対日政策の転換に同調し、アメリカ主導のアメリカの戦略体制の枠に組み込まれることとなったということです。日米安全保障条約は、条文をみれば経済の領域もふくまれていますが、本質的には両国の軍事同盟的要素に力点があることを否定することはできません。現代において、アメリカが対ソ戦略上もっとも重視しているＳＤＩ構想に日本の技術協力を要請するということも、必然的帰結ということができるでありましょう。また、第二の性格としては、戦前・戦中の旧日本の指導者が追放解除で現役に復帰したことにより、戦後民主主義が、日本的国家主義ないし伝統主義と混在し、時には異和感をもって対立することになったことです。たとえば、日本国憲法は、日本の歴史や伝統になじまない「押しつけ」憲法であるから、日本の伝統に則した憲法にもどすべきであるとする憲法改正運動はその代表的なものといえましょう。

ともあれ、戦時中の岸信介元商工大臣が、Ａ級戦犯として巣鴨に収監され、追放解除で政界に復帰、石橋湛山内閣のあと内閣総理大臣に就任、一九六〇年安保騒動の中で日米安全保障条約改訂を強行したことは、この戦後日本の政治過程の変貌ぶりとその内容を如実に物語っているといえます。

爾来、今日に至るまで日本の政治は、これら三つの性格の複雑なからみあいのなかで展開されてきました。つまり、

一、民主主義

二、実質的日米軍事同盟

三、伝統的国家主義

以上の三つの要素の競合ないし対立のいりまじった政治過程です。そして最初にも述べましたように、現在の日本は、よきにつけあしきにつけ世界が注目する経済大国（生活大国ではありません）にのし上がりました。また政治的にも国際性が要求されるようになってきております。しかし民主政治の立場からは、日本の政治は、長い間保守党による一党支配のなかで、日米軍事同盟が強化され、金権政治や汚職構造も進む一方です。

そしてこのような状態は、明らかに民主政治とは対立するものであり、その行く先が果してわたしたちの将来のしあわせを保障するものであるかどうか大いに疑問のあるところです。それでは本来あるべき望ましい民主主義政治とは一体どのようなものでありましょう

か。

三、民主政治の本来のあり方について

戦後日本の政治は、これまでみてきましたように、天皇制国家から民主制国家に変わり、その後間もなく米ソ冷戦の因果関係により旧日本の伝統的要素が政界に復活します。そして同時に日米安保条約にもとづく再軍備という要素が加わり今日に至っております。しかし現在のわが国は、日本国憲法が定めた政治制度、つまり議院内閣制をともなったいわゆる議会制民主主義国家です。すなわち、戦後から今日に至るわが国の政治制度は一貫して議会主義民主制国家であり、国民の大部分がこの政治制度を支持してきております。そして、この制度は当分の間このまま続くものと考えられます。したがって、わたしたちは、議会主義民主制の本来のあり方というものはどのようにあるべきなのか、また、歴史的にはどのようであったのかなどについて、しっかりした認識をもつ必要があると思います。

それではまず民主政治の特徴はなんであるのかについて考えてみましょう。だれでも知っていることばに「人民の人民による人民のための政府」というのがあります。ここでい

われている「人民の」の「の」は、民主政治の主体は人民であること、すなわち人民が主権者であることを示しています。また「人民による」の「よる」は国民の政治参加を強調しております。そして「人民のため」の「ため」は国民のしあわせのため、国民の福祉のためであることはいうまでもありません。そして、なかでも民主政治にとって特に大切なのは、国民一人一人に「よる」政治参加です。もしそうでなければ、いくら国民の「ため」の政治であっても民主政治ということはできません。

民主政治、つまり人民による政治参加の原型は、今から二千数百年前の古代ギリシアの都市国家アテネにみることができます。紀元前六世紀ごろのアテネでは、立法については市民全員の参加が前提とされていました。また裁判は市民による陪審制が採用されていました。そして今日の行政府にあたる評議会には、市民が交替で勤務したのです。このような形態は、一般に直接民主政治といわれますが、民主政治のあり方としては、このような直接民主制方式がのぞましいといえます。わたしたちは、このような直接民主制の近代ないし現代のモデルを、十九世紀アメリカのニューイングランドのタウン・ミーティングや、スイスのカウンティの政治などに見ることができます。

このように民主政治として最ものぞましいあり方は、国民全員による積極的な政治参加です。しかし現在のわが国のように広大な国土に一億二千万もの人口をもっているところでは、古代アテネのような直接民主制をそのまま当てはめるわけにはまいりません。そこでその代理的方式として、近代市民革命以後行なわれてきたいわゆる代表制民主政治、ないし間接民主制が現実的制度として採用されているわけです。代表制民主政治においては、国民有権者の代表が議会に集まって国民の代わりに立法にたずさわるわけですが、そこでの中心的役割を担わされているのは政党です。したがって、この間接民主制において民主政治の見地から大切な要件は、第一に、国民の世論が公正に代表を通じて議会に反映すること、第二に、質のよい候補者が議員に選ばれることとです。

第一の条件が実現されるためには、議員定数の配分が人口比に応じてつねに公正に行なわれていることが必要です。もしこの議員定数配分が極端に不均衡になってしまったのでは、この公正さを保つことはできません。

第二の条件を充たすために特に大切なことは、候補者ならびに有権者の双方が、民主主議とは何であるのかについて、しっかりした理解をもっているということです。もしそうでないばあいには、形式的にはいくら民主制であっても、実際には買収や饗応の横行する金権政治や衆愚政治に堕することになります。

このように確かめてまいりますと、現代の民主政治においては、選挙の質というものが極めて大切かつ重要な役割をもっていることが痛感させられます。健全な民主政治の出発点は健全な選挙でなければならないということは充分理由のあることなのです。理想選挙という考え方や運動は、まさにこの点に直結する問題といえます。とりわけ投票権は、国政や地方自治の双方についての個々人の意志表明の権利であると同時に、自分自身の基本的人権を守るための不可侵不可譲の基本権でもあります。そしてこのことを深く認識するならば、各人の主体的一票の行使、そしてその集積によってこそ初めて質のよい民主政治が維持されるということになるわけです。

もし、このような国民有権者の自覚がないときには、ルソーが言っているように、有権者は政治家の奴隷になり下がってしまいます。またルソーは、『社会契約論』のなかで、権力の椅子についたものは早晩自分の利益追求のため巧妙に権力の拡大をはかるようになるので、主権者市民の不断のチェックが必要であると言っています。また、モンテスキューは、アテネの民主制が栄えたのは、市民の愛・自由・遵法・洞察などの「徳性」によるもので、健全な民主政治を維持するためにはどうしても国民の「徳性」が不可欠の条件であると言っています。とすれば、わが国の議会主義民主政治を質のよい健全なものとするためには、政治家・有権者の双方に投票権の行使のあり方や政治資金運用のあり方などについて、健全な倫理性ないし「徳性」が必要であるということになります。また同時に、政治家に対する有権者の側からの不断のチェックと積極的な政治参加も、きわめて大切であるということになります。それでは、このような本来あるべき民主政治に対し、現代日本の政治状況はどのようにあるのでしょうか。

四、現代日本の政治状況とその問題点

現代日本の社会状況の特徴を肯定的ないし楽観的にとりあげるとするならば、①平和で、②経済的に繁栄し、③政治的には相対的に安定しており、④思想と行動の自由が保障されているというように、まことに結構ずくめな状況にあるという見方も成り立つでありましょう。そして、その何よりの証拠として、毎年の総理府の調査では、国民の九〇％以上が中流意識の持ち主であることが強調されてきました。

しかし、人間の社会には、プラスの面があると同時に必ずマイナスの面も存在します。現代日本の社会状況においても、一見結構づくめのようにみえても、ちょっと突っ込んで考

えてみると決して手放しで喜んではかりはおられない、むしろ民主政治の観点からは憂慮すべき要素も少なからず存在することがわかります。

たとえば、まず経済の繁栄についてです。高度な科学技術を駆使して築かれた今日の経済的繁栄は、生産性合理主義にもとづいた経済優先主義政策のたまものです。その結果さまざまな問題が生じております。とりわけ、利益追求第一主義の自由主義経済は、ともすれば民主主義の基本的価値の一つである基本的人権主義と衝突する場合が少なくありません。また国内では、財政投融資や民活の政策が大企業優先の構造をもっており、土地の高騰に象徴されるように社会福祉や教育・環境衛生問題が「あとおい」、ないし、なおざりにされがちです。さらに国際的には、わが国の貿易立国主義が欧米各国との間に貿易不均衡拡大の摩擦をひき起こしただけでなく、第三世界との間には、日本の当該地域への経済進出が帝国主義的であるとの反感すら引き起こしております。

また政治の領域では、長期にわたる保守政権のもとに内政・外交ともに一応順調にいっているかのようにみえます。しかし、政権交替のない事実上の一党支配は、さまざまな理由で民主政治の観点からは決して好ましいこととはいえません。何故ならば、民主政治は世論の変化にともなって政権が平和的に交替するのが常道です。欧米の政治では事実そのような政権交替が行なわれてきました。ところが、わが国では保守党が長い間にわたって権力を独占し、その結果、政権党と行政官僚・財界指導者との関係が、より固定化し、より特権化してきたことは否定できない事実です。このような現象を、政・官・財の病理的癒着現象と評するむきもあります。ロッキード事件やリクルート事件に象徴される構造汚職や、庶民には無縁な巨額の資金が動く金権政治の現状は、長期一党支配の政治状況と密接な関係があるといわねばなりません。このような停滞した政治状況は、議員定数配分不均衡の現象とあいまって、日本の政治が、形の上では代表制民主主義でありながら、実質的には国民有権者とは無関係な政・官・財少数エリート支配のいわゆる寡頭政治になりかねません。すでにそうなってきているという見方すらあるのです。もし本当にこのような代表制民主政治の形骸化が進んでいくとすれば、事は重大です。

さらに、現代日本の社会では、表現の自由、行動の自由が最大限に保障されているという見方については、そうでない国に比べればそのとおりといえるでしょう。しかし同時に、その自由がわが国民主主義の質的向上のために活用されているのならば大変結構なのですが、現実にはむしろその自由が結果的に民主主義の成熟化を阻害するような側面も少なからず見受けられます。たとえば、現代のいわゆる大衆社会状況における個人は、この巨大社会のなかで市民として果すべき政治参加の義務ないし責任について、むしろ無関心ないし無力感に陥りがちであるという傾向がみられがちです。それに加えて利益追求第一主義的世相は、人々に人権感覚よりは利益追求に関心を向けさせがちです。その結果、豊田商事事件や保険金詐取殺人事件のような非人道的事件が多発してきております。自由が基本的人権擁護のための自由ではなく、むしろ人権無視の放縦となり、その風潮が一般的となっていくならば、それは明らかに民主主義の自殺行為にほかなりません。

日本は憲法の前文において平和主義を強調しています。ところがさきに確認をしましたように米ソ冷戦以降、防衛のための軍備拡大が主張され、実質的な日米軍事同盟が年々強化されてきています。わが国の防衛費の予算全体における上昇率が、他の領域の予算に比べて際立って突出してきたことはよく知られているところです。果してこのような軍備の増強が、核戦争の時代に真の平和維持のためにどこまで有効なのでしょうか、またこれまでの日本の経済繁栄が、軍備費ぬきの平和産業を基盤としてきたことを思うとき、このような軍備費の増大がこれからの日本の平和産業を圧迫することはないのでしょうか、このようなさまざまな疑問が起こってまいります。

もう一つ、日米軍事同盟強化の傾向と並行して目立ってきたことは、日本的国家主義の復活です。とりわけ中曽根政権になってからは、首相の靖国神社公式参拝、日の丸・君が代励行についての文部省通達、紀元節式典の盛大化、地方自治機関委任事務の裁判抜き代執行、いわゆるスパイ防止法案などなど、新保守主義ないし新国家主義といわれる傾向が急速に浮上してきました。

ここで注意を要することは、大衆社会にあっては、理性よりも感覚に訴える世論操作が特徴的であるということです。中曽根内閣のあの前例のない高支持率が、政策よりも「なんとなく」という感覚的なものであったことが、その大衆社会的特徴を如実に示しているといえます。しかしこのようなムードないしフィーリング政治に追随していくことは、結果的には為政者の巧妙な世論操作にのせられ、為政者の思惑どおりに踊らされることになります。そんな情けないことでは、自らの意志で政治に参加し決定していくという民主政治の本来のあり方とは、全く相いれないことになってしまうということに気がつく必要があります。なぜならば、このような政治が押し進められていきますと、まかり間違えばかつてのドイツやイタリアが経験したような熱狂的な全体主義国家への道をたどってしまうことになりかねないからです。

そのようなことにならないためには、わたしたち国民有権者の一人一人が自らの意見をもち、自らの責任において政治に参加する義務があります。自由には責任がともなうということは、まさにこの点においてあてはまることなのです。そして理想選挙の運動は、まさに国民有権者の果すべき責任の一環として位置づけられるものでありましょう。

五、理想選挙運動の存在意義

健全な民主政治の基礎は、モンテスキューによれば国民の徳性にあるということです。ところが、わが国の現代の政治状況は、これまで考察したところによれば、一見結構ずくめのようにみえながら、実はさまざまな問題に直面していることがわかりました。とりわけ徳性との関連でいえば、世論は議会に公正に反映されなければならないのに、議会の議員定数配分の不均衡については、衆議院でも参議院でも国会議員はあまりにも怠慢であり続けてきました。また政治資金は税法上特別の配慮をうけていながら、その運用については決して明朗ではありません。とりわけ選挙では巨額の資金がかかりながら、自治省への届出はきわめて形式的で、金権選挙の実態とは全くかけはなれているというのが現実です。いずれのばあいも健全な民主政治の姿からは程遠いものであるといわざるをえません。

世論反映の公正さが歪み、金権政治が幅をきかすようになれば、その結果は明らかに民主政治の破滅を意味します。そのような好ましくない要素を排除するためには、他力本願では駄目なのです。「天は自ら助くるものを助く」という諺《ことわざ》がありますが、民主政治の活性化は、わたしたち自らの努力による以外に方法はありません。そのようなことは考えてみただけでも気が遠くなる話だと思うむきもあるかもしれません。でも、たとえば、定数不均衡是正の運動も、最初はごく少数の市民、すなわち理想選挙にこだわる市民たちによって始められたのです。最初はマスコミからさえ無視されていました。しかし、たゆまず永年こつこつと運動をつみあげた末に、ついには最高裁判所で違憲判決を獲得し、さすがの国会もこれを無視することができなくなってしまうところまで追い込んだのです。

一般国民の金銭感覚とは桁違いの金額を武器とする金権選挙を批判し、質のよい代表を法定費用内で議会に送り出そうという理想選挙の運動は、健全な民主政治を保全するためには欠くことのできない重要な基本的な運動といえます。そしてわたしたち自身をそのような立場におくことによって、民主主義が自分にとっていかに大切なものであるかということについての自覚と、それにもとづく行動意欲とをはぐくみ、かつ持続させることができるのです。

かつてイギリスのJ・S・ミルやフランスのトクヴィルたちが、「自治の運動こそが民主主義の学校である」という意味のことを述べておりますが、わたしたちも主体的にこのような運動をすすめることによって、自らの自治意識をたかめ、そして同時にそのことで日本の民主政治の質的向上に貢献することができるのではないでしょうか。つまり、理想選挙の運動こそは、このような意味あいにおいて、日本の民主政治活性化のための実践運動であり、このような政治参加こそ、わたしたち国民有権者のなすべき義務であるともいえましょう。そして、この運動が全国にひろまることによって、これまでの日本の金権政治体質が本来あるべき健全な民主政治へと転換されるならば、これほど望ましいことはないといえるでありましょう。一人でも多くの皆様の参加を期待する次第です。

執筆者＝中央大学法学部教授、理想選挙推進市民の会副代表幹事

6・理想選挙の進め方
スタートからゴールまで

山口みつ子

地方議会議員選挙に備えて

■理想選挙の定義

自分たちの代表として議員になってほしい人を、有志(有権者)が相談し、「出したい人」を見つけ、その人から候補者になる承諾を得て、選挙母体(推薦会)をつくります。立候補の届出に際しては「推薦届出方式」をとり、候補者にはお金を出させないで推薦会員が選挙費用を集め、無報酬で運動をします。

つまり「推薦選挙」が理想選挙なのです。

■出したい人とは

自ら立候補を決意し、選挙に打って出ることが一般的な選挙運動のやり方です。

理想選挙は、「推薦選挙」ですから、推し出す側の有権者がやる気を起こすような人＝出したい人を、どう見出すかが重要な鍵となります。

人柄がよく、多くの有権者が「出したい人」と思ってくれる人でなければ、理想選挙は成功しません。

市川房枝先生は「出したい人」の基準を、次のように述べています。

◦議会制民主主義に徹し、現憲法の、平和・人権尊重・国民の福祉の増進の実現に熱意をもつ人。
◦人格が誠実、清潔で、敵の少ない協調性のある人。
◦理想選挙の本旨を十分に理解し、その実行に熱意をもつ人。
◦地域の住人で、地域のために貢献、相当程度、名の知られている人。
◦地域の政治の問題点をとらえ、住民の福祉の増進に具体的な政策を持っている人。

以上の条件を具える人が地域には随分育ってきました。市民運動、婦人団体活動、消費者運動、ＰＴＡ、福祉活動など、実践活動をしている人々の中に、候補者に適する人がいるはずです。

「出したい人」が見つかったら本人に立候補の要請をします。その人の家族の賛成を得ることも欠かせません。

立候補要請に際して大事なことは「選挙費用は推し出す側（推薦会）が責任を持つ」こ

とを申し入れることです。

「出したい人」と思う人ほど、立候補の承諾をしぶる場合が多いのですが、要請された人は推薦を受諾して有権者の期待に応える勇気と決断がほしいものです。

（本人自ら立候補の意志があって「理想選挙」と称する人がいますが、これはごまかしです。立候補者の承諾を得て推薦届出により推し出す側が、最初から終わりまで主導し、選挙運動に責任を持つことが真の理想選挙なのです。また本人が選挙に金を使わなかったから「理想選挙だ」と言っているのも本旨ではありません。最近は理想選挙の本旨を曲げて吹聴する人をよく見かけます）

■推薦会の特色

出したい人の承諾を得たら、早速、選挙運動に必要な準備にとりかかります。この選挙の母体が「推薦会」です。推薦会は後援会ではありませんから選挙終了後は解散します。自分たちの代表を議会へ送り出したいと考える有権者が、候補者から頼まれるのではなく、自発的な参加により選挙運動を展開します。「推薦会員」とは、このメンバーのことなのです。

地方議会議員選挙で無所属で推薦候補を立て理想選挙方式を実践するには、次のように取り運ぶことになります。

■推薦会の結成

有志により推薦会結成に必要な準備を行ない、五十～百人位の賛同者を得たら結成会を開き、次のような事項を協議決定します。

＜プログラム例＞

開会あいさつ
経過報告（○○氏の推薦経過）
議長選出
推薦会規約提案
役員選出
立候補受諾のあいさつ
選挙運動の予算
その他（当面の選挙情勢の検討、選挙運動のための具体的な準備活動への取り組み）

〈推薦会の規約例〉

一、名称・事務所＝本会は○○推薦会と称し、事務所を○○（住所）におく。

二、目的＝本会は○年○月に行なわれる○○議会議員選挙に際し、○○氏を無所属候補者に推薦し、理想選挙によりその当選を期することを目的とする。

三、運動＝本会は右の目的を達成するため左の準備行為を行なう。

(1) 告示前に於ては、選挙運動のための準備行為を行なう。

(2) 告示の日には、推薦届出方式により、候補者の承諾書をそえて、推薦会代表者名で、選挙管理委員会に届出る。

(3) 届出後は直ちに選挙運動の主体となって活動する。

四、組織＝本会の目的に賛成し、選挙運動に自発的に参加協力する有権者をもって組織する。

五、役員＝本会に左の役員を置く。

代表者一名、会計責任者一名（選挙告示後は選挙の出納責任者となる）、幹事若干名、事務長一名。

六、経費＝本会の経費は一口五百円以上の有権者の拠出金（カンパ）により支出する。

選挙終了後は収支報告を一般に公表し、寄付者に報告する。

七、結成・解散の届出＝本会は推薦会結成と同時に政治資金規正法による政治団体の届出を行ない、選挙後はなるべく早く後始末をし、解散届を選挙管理委員会に提出する。

八、この規約は〇年〇月〇日（結成日）より施行する。

■政治団体としての届出

推薦会結成後は直ちに政治資金規正法による政治団体として届出をしなければなりません。届出用紙を選挙管理委員会からもらい、代表者と会計責任者の氏名を記入、規約をつけて提出すればよいのです。

解散の場合は、選管にある解散届出用紙に記入、収支報告の提出を行なう必要があります。

推薦会の結成届は選挙より三〜四か月前、解散届は選挙後一か月以内が望ましいのです。

■推薦会の活動

選挙の告示があり、立候補届（推薦届）が選挙管理委員会に受理されたことで初めて選挙運動ができるのです。推薦会はそのための準備をする必要があります。告示前に投票依頼をしてまわることは、事前運動となり公職選挙法に違反します。

＜立候補のための準備行為＞
①選挙事務所借り入れの内交渉、②選挙用自動車の運転者の交渉、③応援弁士や推薦者の内交渉、④自動車・拡声機の借り入れの内交渉、⑤あらかじめ立札・看板・ポスター・選挙用はがきの作成、⑥選挙公報が発行される場合は文案を作成、⑦演説会（街頭演説コース、個人演説会等）の計画。

＜選挙運動資金の調達＞
いわゆるカンパを集めることは、選挙運動ではないので選挙前（告示前）は勿論、選挙運動期間中でもできます。

＜カンパ活動の注意＞
知り合いから知り合いへと理想選挙の趣旨に賛成する人から自発的な寄付を受けます。

寄付者は氏名・住所・職業を明記する必要があります。匿名及び外国人の寄付は禁止されています。一般的に五〜十枚の領収書綴りを作り、寄付者に領収書を出しています。

このカンパは推薦会が保管し、集めた資金を選挙費用として出納責任者に渡します。

なお、立候補するには法務局に前もって一定の供託金を供託する必要があります。法務局の供託証明書（受領書）は、立候補届出の際必要です。

＜公職選挙法を知ること＞

限られた選挙運動期間を有効に使うには、事前に用意周到な準備をすることです。

特に初めて選挙運動に参加する人は、公職選挙法の学習が必要で、これをしないと選挙違反はもとより、立候補もできなくなります。

当選するために手段を選ばずの選挙運動の経験者は、理想選挙を理解できない人が多く感心しません。また討議資料と銘うって候補者名入りのリーフレット、ビラ、ポスター等の法定外文書を一般に広く配布するのは選挙違反です。理想選挙は選挙法を守り、たとえ法で許されていても、有権者に迷惑をかけるような好ましくないことはしないという方針です。現行制度や法の改正すべき問題点は、平生の市民活動の中で政府・政党に改正を要求するべきです。選挙中にルールを無視すれば結局有権者の信頼を失います。

選挙法で分からない場合は、地域の選挙管理委員会（役所内に所在）で確かめることです。

■選挙運動の開始

選挙の告示の日には選挙管理委員会に立候補届をします。その場合、理想選挙は推薦届出方式によりますから事前に選管に対し推薦届出を行なうことを伝えておきます。その届出書類によって選挙管理委員会で事前審査を必ず受けて、告示の日にスムーズに受理されるようにしておきます。

推薦候補の届出は候補者ではなく推薦会の代表者（一人または複数でもよい）が行ないます。届出が無事終わると選管から選挙運動に必要な、いわゆる〝選挙の七つ道具〟である自動車・拡声機・事務所の看板標記、運動員の腕章、各種証明書等が交付されます。これらに候補者名を記入し、宣伝カーなど必要な所に証明書を取りつけて、初めて選挙運動ができるのです。

■理想選挙の運動の特色

選挙運動では、政策のない連呼、ボリュームいっぱいのラウドスピーカー、違反文書の配布など、有権者の立場から非常識だと思うことが沢山あります。理想選挙は、有権者の立場を忘れずに選挙法が許していても好ましくない運動はしないのです。選挙運動終盤に焦ってこのルールを破ると、理想選挙とはいえません。

＜選挙運動期間中、誰にでもできる選挙運動＞

⑴電話＝投票の依頼ができる。人柄、政策を話す。
⑵個々面接＝買い物途中の路上や会合で知人に会った時、投票の依頼ができる。
⑶幕間（とびこみ）演説＝趣味の会や読書会など開催中に、主催者の了解を得て候補者または推薦者が演説できる（予告して集めることはできない）

理想選挙は有権者が自発的に参加し選挙運動を推進します。ポスター貼り、選挙はがきの宛名書き、応援弁士など、活動の場が沢山あります。

＜会　計＞

(1)収支は正確に。必ず領収書を受け取り、帳簿に記帳します。

(2)選挙運動員に報酬を払うことは買収となるので、できません。但し、交通費などの実費は弁償できます。食費・宿泊費は支出基準が決まっています。渡しきりの金は買収となるので、できません。

(3)選挙に使ってよい支出の限度額、すなわち法定選挙費用が算出されるので、選管で確かめておきましょう。限度額を越えて支出することはできません。

支出は必要な所にあて、無駄のないようにすることです。

事務員及び労務者は報酬基準が決まっていますので支払います。推薦会員が自発的に選挙運動に手弁当で参加することが多い程、勝利につながります。

ガラス張りの帳簿で選挙終了後、十五日以内に選管の用紙で選挙費用収支報告を提出しなければなりません。

■選挙を終了したあとのこと

選挙が終わったら当落にかかわらず推薦会の解散をいたします。解散会の席上で会計報告、運動の評価、反省をすることが必要です。

推薦会は選挙運動をするための政治団体で、いわゆる後援会とは違いますから解散するのです。解散後は選挙管理委員会に政治団体解散届と、推薦会の収支報告を提出しなければなりません。

次回の選挙は、推し出した議員の活動状況等を評価し、改めて推薦会の組織をすることが望ましいのです。

執筆者＝（財）市川房枝記念会事務局長、理想選挙推進市民の会広報幹事

付・理想選挙推進市民の会運動年表

◆総　会

《理想選挙普及会・総会》

一九五九（昭34）年

11・28　理想選挙普及会結成、代表幹事・市川房枝、会員の誓い採択。

規約　第二条（目的）⑴政治を明るい清潔な国民大衆のためのよい政治とするため、理想選挙の趣旨を一般男女有権者及び青少年の間に普及徹底する。⑵各種選挙に於て「出たい人より出したい人」を推し出すよう政治啓発運動を行う。⑶理想選挙実現のために、現行選挙関係法規即ち、公職選挙法及び政治資金規正法等の励行及びその改正運動を行う。第三条（性格）⑴政党には中立の立場を堅持し、選挙に際しては、会としては候補者の推薦及び応援は行わない。⑵政府、政党からの補助金は受けない。（35・1・20現在会員数七三三名）

一九六五（昭40）年

1・30　参院選立候補のため市川代表幹事辞任、代理に小林時枝（3・20決定）

一九六六（昭41）年

6・18　市川代表幹事に再任

一九六七（昭42）年

6・3　第十一回総会、森下文一郎代表幹事選出（46・11月迄）

一九七一（昭46）年

11・16　普及会発展的解消、理想選挙推進市民の会結成へ。

《理想選挙推進市民の会・総会》

一九七一（昭46）年12・6（46年度総会）

発会

理想選挙普及会を発展解消して、政治団体として届出、発足。

代表幹事

市川房枝

目的（規約第二条）

⑴啓発活動

理想選挙を有権者に普及する啓発活動。投票しようとする候補者に一人分選挙費用を寄付し激励する。
(2)選挙制度等の調査研究及び改正運動、理想選挙実現のための選挙制度、政治資金のあり方等を調査研究し、成案を得て政府国会等への要請、その実現をはかる。
(3)推薦候補者の選挙運動、理想選挙にふさわしい「出したい人」を推薦し、選挙母体となり、推薦・選挙運動を行う。

一九七二（昭47）年5・20（47年度総会）

一九七三（昭48）年6・2（48年度総会）

運動方針

1. 本年7月に行われる東京都議会議員選挙に際し、推薦候補の必勝を期し、理想選挙の実現に努力する。
2. 昭和49年に予定される参議院議員選挙に対して、規約にある「候補者の資格」に合致した人を見出し、理想選挙の実践が行われるよう努力する。
3. 自民党提案の小選挙区制に反対、現行公職選挙法中の定数是正と、政治資金規正法の改正を速やかに行うよう、政府政党に働きかけ、理想選挙の基盤をつくるべく努力する。

一九七四（昭49）年9・28（49年度総会）

政治団体を解消し、理想選挙の啓発団体へ。

。46年度規約第二条(3)を「理想選挙実現のための相談指導」と改める。

。第二条目的 → 第二条目的と事業

総会決議

1. 政治資金の規制強化。
2. 議員定数是正。
3. 参議院全国区の選挙について、比例代表制の採用に反対する。

10・16 政治団体を解消したことを都選管に届出。

一九七五（昭50）年5・17（50年度総会）

規約改正

幹事五〇名 → 七〇名
副代表幹事二名 → 三名
庶務幹事二名 → 三名

一九七六（昭51）年6・19（51年度総会）

運動方針

1. 昭和51年12月迄に実施される総選挙に際しては、ロッキード事件にあらわれた政治の腐敗、金権的体質を改めることを主眼とした一票を行使するよう、啓発活動をすすめる。
2. ①最高裁の勝訴をふまえ、政府・政党に対し、衆参両院の議員定数是正の公選法改正をはかり、あわせて全国各地に不均衡是正の法廷闘争を展開する。
②金のかかる選挙と政治を根源的に改めるため、政治資金規制を強化するよう法改正運動をすすめる。
一九七七（昭52）年5・21（52年度総会）
一九七八（昭53）年5・27（53年度総会）
運動方針（一部）
1. 政府・政党に対し、衆参両院の定数不均衡是正の運動を強力にすすめ、且つ「参議院全国区拘束名簿式比例代表制」への改正には反対する。
一九七九（昭54）年5・26（54年度総会）
一九八〇（昭55）年5・10（55年度総会）
一九八一（昭56）年6・13（56年度総会）
新代表幹事
小池順子選出
会費　一、二〇〇→二、〇〇〇円
一九八二（昭57）年5・22（57年度総会）
一九八三（昭58）年4・28（58年度総会）
一九八四（昭59）年6・30（59年度総会）
一九八五（昭60）年5・18（60年度総会）
一九八六（昭61）年6・11（61年度総会）
一九八七（昭62）年6・3（62年度総会）
一九八八（昭63）年7・4（63年度総会）
一九八九（平1）年9・30（一九八九年度総会）

◆会の主な運動

≪理想選挙普及会≫
一九五九（昭34）年
11・28　理想選挙普及会結成
12・25　選挙制度改正委員会設置
一九六〇（昭35）年
3・2　選挙制度改正についての意見書を自治庁、各政党に提出（婦人有権者同盟と共同）。内容 ①立候補について、②選挙費用について、③選挙運動について、④選挙違反について、⑤選挙管理委員会について
11・　総選挙に際し「選挙費用一人分寄付運動」
12・19　選挙法を正しくする青年婦人団体会

議第一回会合
一九六一（昭36）年
2・26　選挙法改正促進国民集会
4・20　選挙法改正運動協議会（選改協）結成
5・24　35年総選挙・届出選挙費用報告書（市川房枝著）普及会より発行
6・23　八幡製鉄定款違反（政治献金）裁判傍聴
一九六二（昭37）年
2・26　選挙法改正促進国民集会
6・30　参院選啓発青空演説会
11・17　地方選に対する公明選挙運動婦人指導者研修会（同盟、会館と共催）
一九六三（昭38）年
1・15　第一回成人の日のつどい（婦人有権者同盟、財・婦選会館と共催）
7・11　福島県郡山支部結成
7・　37年7月、参院選、選挙費用収支報告書、発行
10・31　総選挙違反摘発本部設置
一九六四（昭39）年
4〜6　渋谷区議報酬値上げ反対運動（条例改正、直接請求運動）

一九六五（昭40）年
4・17　都議会議長選挙をめぐる汚職議員問題で議員総辞職申し入れ
8・6　参院選に大量違反を出した小林章議員に辞職公開質問状出す
8・12　都政をよくする都民会議発足
一九六六（昭41）年
1・31　八幡製鉄の政治献金は商法違反でないとする東京高裁の政治献金判決に対し声明
10・28　田中彰治衆議院議員をはじめとする国会議員、現職大臣の一連の黒い霧事件に対し「腐敗政治粛正市民デモ」
同28日総理、衆参両院議長、各党に決議申し入れ
一九六七（昭42）年
1・6〜7　汚職解散の茨城県議選、青空演説会（於水戸）
12・1　政治資金規制全国青年婦人集会
一九七〇（昭45）年
2・26　議員定数不均衡是正、政治資金規制で要望書提出（国会・各党）
6・15　議員定数是正、政治資金規制国民署

名運動開始（九団体と）
7・24　八幡製鉄政治献金訴訟最高裁判決。反対声明（選改協）
一九七一（昭46）年
5・7　政治資金規制、定数是正請願国会提出（選改協）
7・27　第九回参院東京地方区選挙無効訴訟、東京高裁へ提訴（選改協）

《理想選挙推進市民の会》

一九七一（昭46）年
11・16　理想選挙推進市民の会結成
一九七二（昭47）年
1・14　選挙違反の沖縄恩赦に反対
6・23、24、25　自民党総裁選に関して、国民の立場から、四候補に面会し、公正なルールに則っての選挙を申し入れ
11・27　総選挙に関し、金のかかる選挙に反対して、経済同友会に申し入れ
一九七三（昭48）年
1・9　47年12月10日の第三三回衆院選について、一票の価値の不平等を不服として、無効訴状の提出

4・25　48年7月の都議選候補に武蔵野市小池順子を推薦することを決定（幹事会）
5・7　自民党提出の選挙制度案に反対して、江崎自治大臣に申し入れ
7・8　都議推薦候補小池順子落選
9・25　国会議員定数不均衡是正のための各党各派代表と有権者の会議
12・6　49年6月に予想される参院選に、東京地方区から、紀平悌子を推薦することを決定（臨時総会）
一九七四（昭49）年
2・15　選改協は、経団連・国民協会・自民党に対して、政治資金規制について申し入れ
5・14　47年12月第三三回衆院選無効訴訟棄却判決に対して、最高裁に上告
5・29　参院全国区に市川房枝を推薦することを決定（幹事会）
7・7　参院選結果
市川房枝、当選（全国区第二位）
紀平悌子、落選（東京地方区六位）
7・24　糸山議員に選挙違反につき議員辞職勧告（選改協）

9・25
。「選挙制度改革に関する要望書」を五党代表に提出
。「政治献金について」議会政治近代化委員長・今里広記氏に申し入れ
12・28　三木総理へ「政治資金規制」「議員定数不均衡是正」「選挙制度・公職選挙法改正」について申し入れ
一九七五（昭50）年
2・17　統一地方選に関して、選挙違反監視摘発本部開設
2・18　3・24、26　政治資金規正法・公職選挙法改正について、自民党、社会党、自民党・早川選挙制度調査会会長に申し入れ
4・24　五党・二院ク代表を招き上記「対話集会」
5・28　自民・社会党に申し入れ（選改協）
6・24　市民の自由な活動を阻害し、有権者不在の政治資金規正法・公職選挙法の改悪に反対する市民集会
8・12　財界に政治献金再開撤回の申し入れ
一九七六（昭51）年
3・10　ロッキード汚職に怒る講演集会（選改協）
3・15　各党代表を招き、ロッキード疑獄を追及する有権者集会
5・27　ロッキード・キャンペーン（選改協）（東北・中部・関西・首都圏・近県）
7・27　ロッキード汚職に現われた汚職構造を問う声明発表
一九七七（昭52）年
1・29　ロッキード疑獄事件の解明を要望して声明発表
4・1　参院選・都議選「有権者センター」発足（同盟、市民の会）
6・18　候補者へきれいな選挙推進と金権排除の申し入れ
6・25　都民と都議会を結ぶ公開シンポジウム開催（選改協）
8・8　7月10日参院選挙における議員定数のアンバランスを不服として、選挙無効の訴状を東京高裁に提出
一九七九（昭54）年
3・4　都知事選に向けて、候補者にきれいな選挙推進の申し入れ
6・26　52年7月10日参院選無効訴訟「棄却」

に対して、最高裁へ上告
7・7〜12・1　ストップ・ザ・汚職議員の市民運動展開
7・7、8　熊本市で市川議員懇談会に参加
8・27　「汚職に関係した候補者に投票をしない運動をすすめる会」発足。（一七団体加盟、代表世話人・市川房枝）
10・18　怪文書・選挙違反の小沢潔議員に辞職勧告
12・1　ストップ・ザ・汚職議員運動報告集会
一九八〇（昭55）年
3・21　ラスベガス・ギャンブルで浜田幸一議員に辞職勧告
3・28　金権選挙の糸山英太郎参議員を追放する青空演説会
5・20　衆参同時選挙でストップ・ザ・汚職議員運動再開
一九八一（昭56）年
4・18　参議院東京地方区議員定数不均衡是正訴訟の選定当事者・山田弥平治に決まる
5・20　ストップ・ザ・汚職議員運動の再開、中林世話人選出
10・19、31　参議院全国区拘束名簿式比例代表制案に反対の申し入れ
11・24　参議院全国区選挙制度を考える市民集会
12・23　市民の会結成10周年記念懇談会
一九八二（昭57）年
3・3　公職選挙法改正反対で放送宣伝とビラまき（選改協）
3・5　参院全国区比例代表制に反対する市民集会（選改協）
4・9　社会党の「参議院全国区制改正」に反対の申し入れ（選改協）
4・27　参院全国区比例代表制反対の請願を参議院に提出
5・22　理想選挙普及会・市民の会会報合本発行
6・8　ロ事件、全日空ルート政治家被告に東京地裁は有罪判決、ストップ・ザ・汚職議員の会は佐藤孝行被告に議員辞職要求の打電
6・29　選ぶ自由を奪うな！　市民集会――参院比例代表制反対運動（一九市民団体、議員等と共同）、同8・21、10・13も

一九八三（昭58）年

1・26　東京地裁はロ事件で田中元首相に懲役五年、追徴金五億円の論告求刑、ストップ・ザ・汚職議員の会で声明

2・19　きれいな選挙推進研究集会。統一地方選挙に備えて（有権者同盟、婦選会館と共催）

3・11〜22　長岡市、千葉市でストップ・ザ・汚職議員の青空演説会

3・28　都知事候補の選挙事務所訪問、公開質問状提出、4月7日、結果を公表（有権者同盟と共催）

4・27　最高裁は参議院地方区定数は合憲の判決を下す。判決に批判の声明（市民団体と共同）

6・15　参院比例代表の新法実施について各政党を訪問、インタビューを行う

9・8　以来、ストップ・ザ・汚職議員運動。渋谷区を皮切りに10・5（大阪）、8（新潟）、11（渋谷）、12・3（渋谷）、4（長岡）、10（福島）、11（静岡）、14（岡山）、17（渋谷）、街頭演説会開催

10・3　6月22日の参院選――一票の価値を求める会の賛助団体として参加

10・6　参院定数是正訴訟（東京、神奈川選挙区）東京高裁に補助参加として市民の会は一九七人の名簿提出

10・12　東京地裁は、ロ事件の田中元首相に有罪判決。声明発表

一九八四（昭59）年

2・17　一票の価値の平等を求める会結成会に参加

5・24　「一票の会」は「衆議院議員定数配分表の更正要綱試案」を発表

5・26　同試案について各界の意見をきく会開催（一票の会）

5・31　同試案を政府、各政党に申し入れ

7・17　定数是正問題で各党の意見を聞く会（選改協）

8・8　第一〇一国会に定数是正の提案がなかったことに抗議の申し入れ（一票の会）田中角栄衆議院議員辞職勧告決議案の棚上げに抗議電報（ストップの会）

8・10　高校の現代社会の教科書にストップの会の街頭写真が改ざんされて掲載されている件で文部省に申し入れ（ストップの会）

一九八五（昭60）年

3・29 政治倫理問題を各政党に申し入れ（ストップの会）

4・6 一票等価の原則による衆院定数是正を求める4・6会議

6・13 都議会各党に政策と政治姿勢をきく会（ストップの会、選改協、七婦人団体議会活動連絡委員会の共催）

6・17 「第一〇二国会における各党の政治倫理対策をきく会」（ストップの会）

9・18 シンポジウム「6・6案！ これでいいのか衆院定数是正」（一票の会）

12・16 国家機密法に反対する緊急市民集会（選改協等共催）

12・12 各党に定数是正の国会対策を聞く会（一票の会）

一九八六（昭61）年

2・15 市民の会の紀平悌子啓発幹事は7月6日の参院選に熊本選挙区から無所属で立候補の受諾を「今日からあしたへ手をつなぐ県民の会」に対し回答した

4・23 マルコス疑惑に関する要望（ストップの会）

5・2 憲法集会（一票の会）

5・10 衆議院議員定数配分規定の改正に関する議長調停案に反対する声明（一票の会）

5・13 国会の政治倫理審査会で、日本撚糸工連汚職に関係した議員の審査を要請する（ストップの会）

7・23 定数配分の抜本是正を（一票の会）政治倫理を（ストップの会）国会各政党に申し入れ

10・17 第一三回参議院訴訟上告補助参加申し立て

一九八七（昭62）年

1・22 学習会「政治学体系論を読む会」第六六回をもって終了

2・12 政倫審での審査を求め各党へ申し入れ（ストップの会）

7・29 ロ事件丸紅ルート、東京高裁有罪判決、声明と街頭演説

10・22 第三八回衆議院選挙無効訴訟は東京高裁合憲判決、声明（一票の会）

一九八八（昭63）年

1・11 野党各党との懇談会（一票の会）

2・12 浜田幸一衆院予算委員長の解任と議

員辞任要請（有権者同盟と）
7・9　民間人による選挙制度審議会（民選審）設立総会に市民の会は賛助団体として参加
12・12　リクルート疑惑徹底解明に関する申し入れ（ストップの会）
一九八九（平成1）年
1・12　大喪の礼にともなう選挙違反・汚職事件恩赦反対の声明
5・25　集会―「徹底追求、リクルート疑惑、こんどこそ私たちの手で汚職を断ちきろう」（ストップの会）
6・8　参院選キャンペーンちらし作成
7・14　政治資金で提言発表（民選審）
自民党政治改革推進本部等各党に申し入れ（民選審）
10・20　参議院制度公開研究会（民選審）
一九九〇（平成2）年
1・31　一票で汚職議員を追放、声明（ストップの会）
2・1　第三九回総選挙を前に各党に政策をきく会（選改協）
（以上）

（注）
選改協＝選挙法改正運動協議会
同盟＝日本婦人有権者同盟
ストップの会＝汚職に関係した候補者に投票をしない運動をすすめる会
一票の会＝一票の価値の平等を求める会
民選審＝民間人による選挙制度審議会
会館＝財団法人婦選会館、後（財）市川房枝記念会に改称

あとがき

理想選挙推進市民の会は結成十周年（一九八一年十一月）に理想選挙の記録を発行する計画をたてました。

この年の二月十一日に、本会の代表幹事で創立者の市川房枝先生が亡くなり、理想選挙の旗印のもとに結集してきた同志は心のより所を失い、会の存続問題も含めゆれ動きました。しかし「金権」による選挙と政治は、よくなるどころか悪質化を極め、議席を得るための手段を選ばずのやり方がまんえんしました。しかも理想選挙の都合のよい部分のみ利用し理想選挙と称している候補者や運動員をみかけます。

これを放置しておくことは、理想選挙の信用にかかわることで、市川先生と苦労を共にしてきた同志にとって耐えがたいことでした。そのためにこれが本来の理想選挙なのだという実践の足跡を一冊にまとめ、広く知っていただこうということになったのです。

もともと「出たい人より出したい人」を見出して、推し出す人たちが中心となり、選挙を進めるのが理想選挙の基本です。推された立候補者の人物が上等なのは当然ですが、推す側の責任はそれ以上に重要なのです。その視点に立って理想選挙の意義と歴史、実践運動の記録、活動の手引きを内容としました。

内外激動の中で一九九〇年代に入りました。日本の経済は、世界のトップを行くが、民主政治の評価は低いのです。選挙と政治の改革が世紀末の重要課題であり、その成否は私たち有権者の肩にかかっているといえましょう。その端緒に本書が役立つことを願っています。

最後に発行が遅れ、小池順子代表幹事を初め早くから原稿をお書き下さった方々には誠に申しわけなく思っております。編集作業には、鳥海哲子さんを中心に、佐竹寛先生、小野静江さん、久保公子さんと私が当たり、市川房枝記念会出版部の協力を得てやっと陽の目を見ました。また真秀印刷社長・佐伯清美さん、デザイナーの板垣千恵さん、校正の原かず子さん、他の皆々様のご協力に対し心から感謝とお礼を申し上げます。

一九九〇年六月

山口　みつ子

出たい人より出したい人を！
市川房枝たちの理想選挙 —— 実践と手引き ——

1990年7月7日発行
編著者 理想選挙推進市民の会©
発行所 （財）市川房枝記念会出版部
〒151 東京都渋谷区代々木2-21-11
電話 (03-370-0238)
印刷所 真秀印刷株式会社
〒101 東京都千代田区三崎町2-21-10
電話 (03-263-1024・FAX 03-239-7649)

定価 1,200円（本体1,165円） ISBN4-9900117-2-15